Mischwesen

Fröhliche Wissenschaft 211

Jürgen Wertheimer

Mischwesen

Tiere, Menschen, Emotionen

Inhalt

Prolog

Er hatte mich förmlich angesprungen. Vom ersten Moment an. Ein Wesen, halb Mensch, halb Löwe oder Bär, mittelgroß, etwas verblichen in einer Vitrine. Ganz offenbar ein Zwischenwesen, eine undefinierbare Mixtur. Allmählich und auf vielen Umwegen sollte ich immer stärker in den Bann dieses merkwürdigen Mischwesens gelangen. Ein von vielen als sensationell eingeschätzter Fund von Tübinger Archäologen aus dem Jahr 2008 brachte den Stein ins Rollen. Man fand ein kleines, kugeliges Figürchen, keine sechs Zentimeter hoch, bis dato die früheste Darstellung eines menschlichen Wesens, einer Frau. Mit einem Mal geriet ein abgelegenes Tal der Schwäbischen Alb ins Zentrum des Interesses der Weltöffentlichkeit. Man entdeckte in ihm einen Ursprungsort kultureller Entwicklung, mittlerweile durch den Titel »Weltkulturerbe« sogar von der UNESCO gewürdigt.

Und man fragte sich dennoch gleichzeitig, warum hier, ausgerechnet hier, Hinterlassenschaften früher Menschen in so großer Zahl gefunden wurden: Figurale Darstellungen von

Menschen und Tieren, Musikinstrumenten und eben auch der sogenannte »Löwenmensch«, gerade mal vierzig Kilometer von der »Venus vom Hohle Fels« entfernt. Die Höhlen entlang zweier kleinräumiger Nebenflusstäler der Donau als Ursprungsort der Entwicklung des Menschen zum Kulturwesen? Schwer vorstellbar.

Von da an wollte ich mehr über diese merkwürdigen Wesen wissen. Wissen, woher sie kommen und wohin sie gehen. Das Vorliegende ist kein Kompendium, sondern nur das Protokoll eines höchst persönlichen Suchlaufs. Auf außereuropäische Perspektiven wurde aus zwei Gründen weitgehend verzichtet. Zum einen wegen des schmalen Formats. Zum andern, weil ich mich auf den europäischen Weg konzentrieren möchte, der mir ein Sonderweg zu sein scheint. Wir haben die emotionale und gedankliche Verbindung zum »anderen Lungenflügel« unserer Existenz, ja unserer Herkunft mit einer Radikalität ohnegleichen gekappt.

Die Geburt der Kultur aus dem Geist der Vermischung? Für die einen sind Tiere »Sachen«, die man benutzt. Erst 1990 wurde der Paragraf 90 des Bürgerlichen Gesetzbuchs so verändert, dass Tiere »mit besonderen Gesetzen ausgestattet« wurden. Für die anderen sind Tiere eine verwandtschaftliche Abart des Menschen, intime Freunde.

Auf seiner gedanklichen Odyssee durch das Labyrinth der Religionen in *Jenseits von Gut und Böse* bringt Friedrich Nietzsche – nahezu beiläufig – eine dritte Lesart ins Spiel, indem er den Menschen als eine Tierart unter anderen, und zwar als eine weitgehend unvollkommene definiert. Ein Agglomerat von »Missrathenen, Kranken, Entartenden, Gebrechlichen, nothwendig Leidenden«, kurzum ein »noch nicht festgestellte[s] Thier«[1] – will sagen, ein unfertiges Wesen, nicht mehr ganz Tier, und bei Weitem noch nicht wirklicher, höherer Mensch.

Unabhängig von Nietzsches radikal kultur- und religionskritischem Ansatz, unabhängig auch von seinem fragwürdigen Menschenbild, beinhaltet die Aussage an sich einen erhellenden Impuls über die eigenartige und verwirrende Verwandtschaftsgeschichte zwischen Tier und Mensch. Bisweilen einander hautnah, dann wieder Lichtjahre voneinander entfernt. Manchmal fast geschwisterlich verwandt, dann wieder wesensmäßig fremd – oder auch undefinierbare hybride Mischlinge irgendwo dazwischen.

Es bedarf einer Revision dieser zugleich zerrütteten wie alternativlosen Beziehung, um mit der Doppelnatur unseres genetischen Erbes besser zurechtzukommen. Und am besten erst einmal alles vergessen, was wir an geläufigen Formeln parat haben, um die Differenz zu markieren, so da sind: Der Mensch verfügt über Reflexions- und Abstraktionsfähigkeit, das Tier nicht. Nur der Mensch vermag ein Bewusstsein seiner selbst zu entwickeln. Tiere haben keine Seele. Keine Sprache.

Fangen wir also ganz neu an, denken wir uns in die Zeit zurück, als wir und die Welt der Tiere einander noch näher waren. Wagen wir den Versuch einer biogenetischen Kulturgeschichte. Es wäre eine Kulturgeschichte des Ringens um Macht, um Vormacht. Was die Deutungshoheit anbelangt, waren wir Humanoiden seit jeher im Vorteil – zumindest glaubten wir das. Die realen Kräfteverhältnisse mögen anders gewesen sein – in vorgeschichtlichen und auch in späteren Zeiten waren uns die Tiere überlegen. Früh aber begannen wir damit, uns zu Herren des Verfahrens zu machen – und einen über Jahrtausende reichenden Domestizierungsprozess einzuleiten.

Die Kunst spielte dabei eine entscheidende, wenn nicht die entscheidende Rolle. Es sei die These gewagt, dass unsere Kultur – als eine Art Abwehrzauber – aus dem Geist eines Kampfes gegen das Tier entstand. Nicht Götter, sondern Bison und Löwe, Bären und Nashörner standen am Anfang der Kultur. Ohne diesen potenten und bedrohlichen Gegner wären wir nie in die Notwendigkeit versetzt worden, unser kreatives Potenzial freizusetzen. So aber waren wir gezwungen, uns zur Wehr zu setzen. Unsere wichtigsten Waffen waren dabei Wörter und Bilder. Freilich, auch Faustkeil, Speere und Fallgruben spielten eine wichtige Rolle. Doch erst die Kraft der Fantasie und der Imagination gaben unseren Vorfahren den Mut, in diese Auseinandersetzung zu treten.

Die weltbekannten Höhlenmalereien von Lascaux und Altamira sind letztlich nichts anderes als Dokumente solch virtueller Zähmungs- und Bändigungsversuche. Das Abbild der »Bestie« im eigenen Raum arrangiert. Nicht länger seiner Naturgewalt schutzlos ausgeliefert, nicht mehr Objekt seiner Kraft, sondern, im Gegenteil, Schöpfer und Gestalter eines Abbildes. Unter Kunstlicht im Verborgenen, dort, wo keines dieser Tiere jemals den Fuß setzte. Eine Unter- und Gegenwelt – autonom, ästhetisch überformt, plastisch gestalt- und inszenierbar. Lebensgroß, von ikonischer Präsenz, doch zum Stillstand gebracht. Wir sehen gewaltige Tierleiber und Köpfe ineinander, übereinander gemalt, sehen wenige, ganz wenige menschenartige Wesen spärlich dazwischen gestellt. Tiere dominieren diese Welt. Doch der Schöpfer und Gestalter, der Bezähmer dieser Welt, ihr Bändiger und artistischer Dompteur, ist – der Mensch. Der Mensch mit dem Pinsel, dem Blasrohr für Pigmente in der Hand. Er kreiert eine künstlerische Parallelwelt, in der nur er gebietet, die er zum Leuchten und Verlöschen bringen kann. Er fertigt ein Kunstgehege, das keine Luft und Wärme braucht, in dem er die »rohen« Kräfte zum Stillstand, allenfalls zu geregelter Bewegung bringt.

Zugegeben, diese opulente Welt der Bilder stand nicht überall zur Verfügung. Doch auch die Fähigkeit, die Tiere beliebig und kunstvoll zu verkleinern oder zu vergrößern, sich mit ihnen zu paaren und sich von ihnen zu trennen, war vielleicht ein erster Schritt auf dem Weg in eine neue Dimension der Autonomie. Dutzende Funde von Kleinplastik, winzige Tierfigürchen von Löwen und Mammuts, kaum einen Zentimeter groß, bestätigen dies. So als wollte man zeigen, dass man fähig ist, Giganten in Miniaturen zu verwandeln. Es kann kein Zufall sein, dass man zwischen 40 und 30 000 vor unserer Zeit kaum menschliche Darstellungen findet – der Hotspot der Kreativität entzündete sich definitiv an der Schnittstelle zwischen Tier und Mensch. Der Begriff der »Schnittstelle« ist hier wörtlich zu nehmen. Denn die Beziehung Tier-Mensch nimmt in dieser Phase an experimenteller Dramatik zu. Glücklicherweise sind wir dabei nicht auf Spekulationen angewiesen, sondern verfügen über ein spektakuläres Dokument, den sogenannten »Löwenmenschen« – eine 35 Zentimeter hohe aus Elfenbein geschnitzte Statue. Ein frappierendes

Mischwesen – auf dem Körper eines Menschen thront der Kopf eines Löwen.

Am 25. August 1939 fanden der Tübinger Anatom und Paläontologe Robert Wetzel und der Archäologe und Geologe Otto Völzing die rätselhafte Figur in einer Höhle der Schwäbischen Alb. Dass sie ihre Bedeutung sofort erkannten, ist anzunehmen, aber nicht nachzuweisen. Jedenfalls verschwand der einzigartige Fund zunächst für Jahre – in einer Pappschachtel – in 200 Bruchstücke zerfallen. Ob sie bei der Bergung zu Bruch ging oder seinerzeit, also vor 38 000 Jahren, bereits schwer beschädigt vergraben wurde, lässt sich auch jetzt, nach einer Vielzahl aufwändiger Untersuchungen, nicht eindeutig feststellen.

Was weiter geschah? Lange Zeit nichts. Bevor ein findiger Kopf, Archäologe, Tüftler und Bastler, Joachim Hahn, in den späten Sechzigerjahren die Bausteine des Puzzlespiels erstmals wieder zusammenfügte und den Löwenmenschen zwar nicht fand, aber doch eigentlich erst erfand. Seither durchlief die Figur mehrere weitere Ver- und Entpuppungsstadien, und der kompakte, relativ eindeutige Eindruck, den er lange Jahre in seiner Vitrine im Ulmer Museum erweckte, war mehr als trügerisch. Was sich zwischen den Glasscheiben als kompaktes figurales Ganzes präsentierte, war in Wirklichkeit ein zusammengestückeltes, höchst fragmentarisches Etwas, ein je nach Zeitgeist rekonstruiertes Gebilde. Wenn man den Glauben an die vermeintliche Echtheit des besonders Authentischen erschüttern wollte, so wäre der Löwenmensch ein geradezu ideales Objekt.

Abgesehen von Fragen der Echtheit setzt ein Fund dieser Art natürlich viele weiterreichende Fragen in Gang, Fragen, die auch Archäologen sich stellen, die sie aber, um ihre Seriosität zu wahren, nie wirklich beantworten. Beispielsweise die nach der Herkunft des fremdartigen Wesens. Niemand kann sie bisher beantworten. Natürlich kann die Figur an ihrem Fundort auf der Schwäbischen Alb hergestellt worden sein. Mammutelfenbein war damals keine Mangelware – Bäume waren es durchaus. Als karg, baumlos, ohne romantische Schatten muss man sich die kleinen, etwas geschützten Täler jenseits der Alpengletscher vorstellen. Ein paar Dutzend Menschen darin, wenige, diese jedoch relativ nah beieinander. Ab und an mögen auch fremde Menschen in diesen harten, aber dennoch beliebten Lebensraum eingedrungen sein. Woher sie kamen? Keiner weiß es. Ob sie den Löwen mitbrachten – wer möchte es zu beweisen oder zu widerlegen versuchen? Doch man sollte auch diese Möglichkeit nicht ausschließen.

Wenn wir von der Zeit vor zwischen 40 000 und 35 000 Jahren sprechen, stehen wir noch ganz am Anfang. Und all unsere Gewissheiten sind nur gestundet.

Wir drücken uns die Nasen platt an den Vitrinen, hinter denen die wenigen Artefakte magisch oder nüchtern ausgeleuchtet hausen, und stellen ihnen unsere höchst gegenwärtigen Fragen. Wir sehen Ritzungen an den Armen und Beinen und sagen: Tattoos. Wir sehen ein Männchen mit dünnen Stelzenbeinchen und einem Schnabel anstelle eines Mundes und sagen: »Schamanismus«. Wir sehen einen Vogel und sagen »Seele«, ein kugeliges weibliches Wesen und sagen »Mutter« oder »Muttergöttin«. Wir sehen einen knorrigen Elfenbeinstrunk mit breitem Grinsen im Gesicht und sagen: »Löwe«, »Löwenmensch«, »Löwenmann«, »Löwenfrau«.

Mann, Frau, Löwe, Bär? Animalischer Mensch oder menschliches Tier? Eine eindeutige Bestimmung scheint ausgesprochen schwierig zu sein. Ganz offenbar ein Zwischenwesen, eine undefinierbare Mixtur aus unvereinbaren Elementen.

Wir wissen es nicht. Wir schauen ihn (oder sie) immer wieder an und sehen nur unser Bild von ihm. Und spüren beinahe körperlich, wie wenig wir wirklich über ihn wissen – und seine Leute. Schließlich ist er nicht vom Himmel gefallen, sondern von Menschen für Menschen gemacht. Es kommen Gemeinschaften und Gegenden ins Spiel, an die zunächst niemand denkt.

Abb. 1. Der Löwenmensch aus der Stadel-Höhle im Hohlenstein, Lonetal.

Migrationswege verschiedenster Art sind denkbar: von Frankreich über das Rhône-Tal, aber ebenso kommen Gibraltar und Nordafrika infrage, sogar an das ferne Altai-Gebirge in Südsibirien ist zu denken. Dort wurde vor nicht allzu langer Zeit der sogenannte Denisova-Mensch gefunden. Menschen, mit denen wir nicht gerechnet haben, treten auf den Plan: Schwarze, Berber, Sibirier, Mischlinge. Und Neandertaler sind nach wie vor höchst aktiv, bevor wir uns mit ihnen beziehungsweise sie sich mit uns gekreuzt haben.

Am Anfang der kulturellen Emergenz stand die Migration und damit fast zwangsläufig die Begegnung mit Neuem, mit unbekanntem Fremden. Vergleiche, Abgrenzungen, das Feststellen von Ähnlichkeiten und Unterschieden unterwerfen unser Gehirn besonderen Herausforderungen, provozieren es, spornen es an. Aus dem Halbschlaf der Gewohnheiten aufgeschreckt, produziert es in ein paar Jahren mehr als in Jahrhunderten zuvor. Gedanken, Gefühle geraten in Aufruhr und Bewegung: Die Menschen um den Löwenmenschen mussten sich neu erfinden. Die kleine Elfenbeinfigur war Zauberstab und Medium, Placebo und Gift in einem. Nur so kann man seine Existenz erklären. Gebändigt, domestiziert, selektiert wurden Tiere zu unverzichtbaren Begleitern auf diesem schwierigen Weg. Der Löwenmensch ist nichts anderes als der Versuch einer Vervollkommnung, einer Stärkung der Überlebenskraft.

Kunst entsteht nie um des bloßen Zeitvertreibs willen. Sie ist immer das Resultat eines Grenzgangs entlang des äußersten Rands der Erfahrungsmöglichkeiten. Wenn damals am Rande der Gletscher, bei Dauerfrost, ständig auf der Suche nach Essbarem und bedroht von gefährlichen Tieren, ein Wesen wie der Löwenmensch entstand und mühsam geschnitzt wurde, dürfen wir daraus schließen, dass es für seine Hersteller von großer, ja existenzieller Bedeutung jenseits von allem bloß Dekorativen war. Ihre Worte sind für immer verloren, von ihren Gefühlen wissen wir gar nichts und ihre Körper haben sich fast spurlos aufgelöst. Es gibt mehr Artefakte als menschliche Überreste.

Es ist, als ob man in einen leeren Raum schauen würde, als ob ein Leben in der Monade der Geschichtslosigkeit möglich wäre. Es ist ein schmaler Grat zwischen Fremdartigkeit und Ähnlichkeit, auf dem wir uns bewegen. Weder ist es angebracht, die Mechaniken unseres sogenannten »westlichen« Denkens in die Welt von damals zu projizieren, noch aber auch krampfhaft nach den uns bekannten schamanistischen und animistischen Stammesritualen zu suchen.

Genauso problematisch freilich ist der Zugriff auf ihr Verhalten und ihre Gefühle unter der Annahme einer allgemeinmenschlichen, universellen Ähnlichkeit und Verwandtschaft. Zwischen uns liegen Welten. Und auch wenn unsere Emotionen, das Lachen, die Trauer, die Ängste, die Neugier auf ähnlichen limbischen Grundlagen beruhen sollten – der kulturelle Rahmen, das individuelle Selbstverständnis, die Mechanismen und Rituale der Gruppe bestimmen, was hinter unseren Emotionen steckt. Tausende

Jahre kultureller Prägung wirken unabweisbar nach, auch wenn man sich ihrer nicht bewusst ist, auch wenn man sie zu vergessen sucht.

Nach allem, was wir wissen, ist die Phase um 38 000 vor unserer Zeit, also die Phase, in der sich der moderne Mensch durchzusetzen begann, solch eine Schwelle der kulturellen Evolution, in der figurale Darstellungen unterschiedlichster Art, etwa Malerei, aber auch Musikinstrumente in großer Dichte aufgefunden werden, sodass es mehr als legitim ist, von einem regelrechten Evolutionsschub zu sprechen. Für mich steht außer Frage, dass die Begegnungen mit dem Tier und allem Fremden als eine, vielleicht die zentrale Begründung für diese Emergenz zu nennen sind.

Da entstand eine Kreatur, die für mehr stand als das eigene Dasein – ein Kunstwesen, ein Avatar. Ein Mischling aus animalischen und humanoiden Elementen. Es ist eigentümlich, mit welcher Wucht und archaischen Bildersprache die digitalen Produkte unserer Gegenwart nahezu lückenlos an die Imaginationen der Eiszeit anknüpfen. So als würde sich ein Ring schließen und ein Zustand wiederhergestellt, der auf immer verschollen schien. Zeithorizonte schmelzen ab und wir blicken teleskopisch in die Gegenwart. Wir starren auf ein Kunstwesen 40 000 Jahre von uns entfernt und erblicken doch zugleich auch einen Zeitgenossen. Ein aktuelles Abbild unserer Sehnsüchte, Wünsche, Begierden und Ängste. Mit einer kleinen Plastik aus Elfenbein, einem Fantasieprodukt, begann möglicherweise unser Aufstieg in eine neue Sphäre unseres Daseins. Wir schwangen uns zu Schöpfern auf, schufen Bilder von inexistenten Wesenheiten, die plastisch anschaulich machten, was in uns steckte – oder stecken könnte. Nietzsche sprach von »einem noch nicht festgestellten Tier« – er hätte auch mit gleicher Berechtigung von einem über sich hinauswachsenden Menschen sprechen können. Einem Homeriden, der sich eingestand, dass er in vielen Bereichen den Tieren weit unterlegen war. Und zugleich ahnte, dass sehr viel mehr aus uns werden könnte.

1. Die Sache mit Gott

Aufbruch oder Rückschritt, Emergenz oder Regression – in unseren Köpfen geistern nach wie vor Hunderte von Löwen- und Spinnen-Menschen durchs Revier. In Cartoons und Comics, Fantasyfilmen und Videospielen sind sie weltweit unterwegs und immer dann zur Stelle, wenn wir an eine Grenze stoßen und doch über uns hinauswachsen wollen.

Wie auch immer man sich die Verschmelzung eines mächtigen Tiers mit einem menschlichen Körper im Einzelnen vorstellt – das eigentlich Sensationelle besteht darin, dass zwischen all diesen Wesen die enorme Spannweite von über 40 000 Jahren liegt. Dass uns diese Fantasie also über zehntausende von Jahren verfolgt.

Technische Entwicklungen, immer abstraktere Religionen, der langsame Prozess der alles rationalisierenden Aufklärung, Hightech und Postmoderne — alle diese fundamentalen Umwälzungen der menschlichen Erfahrung gingen scheinbar spur- und wirkungslos vorbei: Der Löwenmensch, der Menschenlöwe aus Elfenbein, Stein oder Plastik bleibt, überlebt, überdauert alles. Ungerührt und unberührt von all dem begleitet er uns als Sehnsuchtsfigur durch Zeit und Raum.

Was steckt dahinter? Was ist das Geheimnis dieser sonderbaren Kreationen? Warum halten wir derart obsessiv an ihnen fest? Man könnte auf den Gedanken kommen, sie und nicht wir Menschen seien die »Krone der Schöpfung«. Und obwohl wir Tiere immer mehr als Sachen, Waren und Ressourcen behandeln, bleiben sie doch zugleich substanzieller Bestandteil unserer Identität. Es scheint, als ob wir nur durch sie komplett würden. Und die Kreuzung zwischen Löwen und Menschen ist ja nur ein winziger Ausschnitt aus dem gewaltigen Spektrum der Erschaffung neuer Wesen aus dem Geist der Weltfantasien.

Ob Ganesha, der indische Elefantengott, ob Männer oder Frauen, Amphibien, Fischwesen, Vogelmenschen oder Raubtiere – der unendliche Kosmos hybrider Existenzen lebt und belebt, fasziniert und animiert uns immer wieder aufs Neue. Oft auch in Gestalt von Missgeburten und Monstrositäten. Augustinus widmet ihnen in seiner Schrift *De Civitate Dei* ein ganzes Kapitel: Zyklopen mit einem Auge mitten auf der Stirn, Mundlose, Schattenfüßler bis hin zu hundeköpfigen, bellenden Kynokephalen – abstoßende Scheusale zwar, aber dennoch alles Abkömmlinge des »Ersterschaffenen«, Adams. Monst-

Abb. 2. Relief der Sachmet im Tempel von Kom Ombo

rum oder Werk Gottes? Mischwesen bilden das Missing Link zu beiden Sphären. Auf dem Weg durch die Geschichte dieser besonderen Spezies stößt man auf einige besonders tief eingegrabene und gewichtige Spuren. Spuren von Wesen irdischer und überirdischer Herkunft. Nicht nur Kreuzungen von Tieren und Menschen, sondern auch solche von Tieren, Menschen und Göttern – tierischen Göttern, göttlichen Tieren, je nach

Blickwinkel. Wenn wir unsere Fantasie ein wenig schweifen lassen, kommen uns umgehend die Gottheiten des alten Ägypten vor Augen – samt und sonders Mischwesen, zumeist mit den Körpern von Menschen und den Köpfen von Tieren.

Da ist Sachmet: Ein schlanker, ja graziler weiblicher Körper, der ein mächtiges Löwenhaupt trägt, das von der Sonnenscheibe gekrönt wird, ihrerseits bewacht von einer Kobra. Eine erstaunliche Mixtur, die sich dennoch mit solch graziöser Selbstverständlichkeit zeigt, dass man fast versucht ist, das Ungewöhnliche als etwas Normales zu betrachten. Auch jeder Gedanke an Maskerade oder Verkleidung löst sich als gegenstandslos auf. Die mächtige Göttin des Todes, des Krieges, gelegentlich auch der Heilung und Hexerei ist völlig identisch mit sich selbst. Mensch und Tier, kosmisches Symbol und schützende Schlange bilden *ein* Wesen, das die Kräfte und Besonderheiten jedes Einzelnen verbindet. Menschliche Geschmeidigkeit auch im Intellektuellen, tierische Kraft und Wildheit, göttliche Allmacht. Priester, die ihr dienten, Gläubige, die ihr opferten, mussten völlig im Bann dieses Geschöpfes gestanden haben. Hundertfach finden sich Statuen dieser Art und heilige Bezirke, nicht nur in Memphis und Theben, in der ihr gehuldigt wurde, in denen man sie zu besänftigen versuchte. Sie, die gefürchtete Rachegöttin, vor deren Wüten man erzitterte. Nur Göttern, nicht Pharaonen war es vorbehalten, sich in Gestalt von Mischwesen zu zeigen. Ein Hinweis mehr auf die zugrundeliegende Idee der Synthese, der Potenzierung durch die Addition unterschiedlicher Existenzformen. Wollte man das Konzept göttlicher Wesen fassen, bedurfte es eines Integrals, der Fusionierung von Mensch und Tier. Eine Idee, die auch in ihrer Umkehr Menschenkopf auf Tierleib zu funktionieren schien, man denke an die Sphinx, jenes gigantische Mischwesen, das seit Jahrtausenden die Gräber der Pharaonen bewacht. Oder an den Gott Ammit, der aus den größten und gefährlichsten Tieren Ägyptens – Krokodil, Löwe, Nilpferd – zusammengesetzt ist und die Herzen sündiger Menschen nach ihrem Tode frisst.

Für die ägyptischen Künstler bestand die Herausforderung nicht zuletzt darin, das Organische der Verschmelzung der beiden Wesenheiten überzeugend zu modellieren. Nicht immer gelingt dies so virtuos wie bei der Darstellung des ibisköpfigen Mondgottes Toth, bei dem man förmlich glaubt, den Vogelkopf aus dem Menschenleib herauswachsen zu sehen, sodass ein nahezu abstraktes, surrealistisch anmutendes Konstrukt entsteht.

Abb. 3. Relief des ibisköpfigen Mondgottes Thot am Luxor-Tempel

Dieser göttlich inspirierte Mensch-Tier-Pakt wurde über Jahrtausende hinweg zum Emblem der altägyptischen Vorstellungswelt sowie zum Leitbild kollektiver Identität. Noch im dritten Jahrhundert nach Christus finden sich die Akteure, wie wir sie aus der Zeit der frühen ägyptischen Dynastien kennen. Aus statutarischer Repräsentation ist nun freilich persönliche, fast intime Begegnung geworden. Tröstend legt sich die Hand des schakalköpfigen Totengottes Anubis auf die Schulter des Verstorbenen auf dem Weg zu Osiris.

Im Bereich der ägyptischen, teilweise auch der sumerischen Kultur war das Ineinander von Mensch und Tier so selbstverständlich, dass man im Schrifttum der Zeit vergeblich nach Rechtfertigungen oder Begründungen für diesen Vermischungs- und Überlagerungsakt sucht. So wie die Hieroglyphenschrift von Tierzeichen aller Art durchsetzt ist, so treten die Götter in den großen Hymnen als Emanation von Tieren auf – gleich ob Widder, Löwe, Krokodil oder Schlange. Es ist, als ob beide Erscheinungsformen sich überlagerten, gleitend ineinander übergingen. Als ob sie Elemente ein und desselben Verwandlungsprozesses wären, eines fließenden Übergangs vom morgendlichen Flug als Falke bis zum nächtlichen Lauern als Krokodil. So wie der Sonnenlauf ändert sich bisweilen auch der Aggregatzustand der göttlichen Wesen zwischen tierischer und menschlicher Gestalt. In den Nekropolen des alten Ägypten finden sich folgerichtig mumifizierte Menschen wie auch mit gleicher Sorgfalt präparierte Tiere. Dieses synkretistische Weltbild einer artistischen Balance zwischen unterschiedlichen Lebensformen bleibt im Kern für die gesamte mehrtausendjährige Geschichte der pharaonischen Reiche verbindlich. Noch zur Zeitenwende und bis zur Römerzeit ist diese Sehweise maßgebend. Toga und Totengott schließen sich nicht aus: das Kostüm wechselte, die Tierhaut darunter blieb. Die Rituale und Vorstellungskräfte, auf denen dieses gleichermaßen kreatürliche wie animistische – fast wäre man versucht zu sagen animalistische – Weltbild trug, währte fort.

Wenig später, und nur ein paar hundert Kilometer nordwestlich des Nil, ist die Zeit solch großer Intimität und Nähe zwischen Mensch und Tier vorbei. Dieser essenzielle Wandel, dieser Paradigmenwechsel vollzog sich mit der Gründung dessen, was später unter dem Begriff »Europa« eine Grenze zu den alten Reichen des Ostens markieren sollte. Das im Kern logozentrisch organisierte Weltbild des entstehenden neuen Kontinents brachte den Tierhimmel der Ägypter zum Einsturz. Von nun an übernahmen ausschließlich Menschen das Regime – insbesondre die Götterwelt wurde radikal vermenschlicht. Für Athena, Zeus, Jupiter sind Tiere allenfalls Attribute. Oder Hilfsmittel. Zeus in tierischer Verkleidung, sei es als Stier oder Schwan – das ist eine ganz andere Geschichte als die einer wesensmäßigen Verschmelzung. Statt sich – was einem Gott ein Leichtes sein müsste – dem Objekt seiner sexuellen Begierden etwa in Gestalt eines attraktiven jungen Mannes zu nähern, bevorzugte der göttliche Jupiter es, sich animalischer Kostümierungen zu bedienen. Als Stier oder Schwan verkleidet, rechnete er sich erstaunlicherweise größere Erfolgschancen aus.

Vielleicht sind Jupiters eigentümlich anmutende Rückgriffe auf die animalische Seite der Natur des Menschen sogar eine Art wehmütiger, unterschwelliger Erinnerung an vorgeschichtliche Erfahrungen.

Ähnlich wie in *Die Frösche* des Aristophanes. Während die Götter in albernen Tierkostümen herumstreifen müssen, beschwören Tiere mit wuchtigen Worten das Wesen der Polis. In der *Batrachomyomachía* (*Froschmäusekrieg*) werden die Kämpfe der Heroen gar durch Frösche und Mäuse witzig parodiert und in ihrer brutalen Dummheit bloßgestellt. Ganz so, als ob Menschen erst durch das Tier gespiegelt zur Kenntlichkeit gebracht würden. Das Tier als schweifwedelnde Bestätigung oder knurrende Fratze unserer missglückten Einzigartigkeit.

So schimmern auch in Griechenland noch Reminiszenzen der alten Intimität zwischen Mensch und Tier durch und manifestieren sich in Gestalt von Mischwesen. Etwa in Gestalt des geflügelten Dichterrosses Pegasus, oder von Zentauren, die halb Mensch halb Pferd durchs Revier preschen. Auch an den Satyr, bockbeinig und notorisch lüstern, ist zu denken. Damit freilich ist bereits das Gehege abgesteckt, in das hybride Wesen von nun an abgedrängt werden: In den Abstellraum des »Animalischen«, des triebhaft Bösen, zumindest Suspekten. Dort fristen sie ein marginales Dasein. Letztlich nur als Wesen, vor denen man auf der Hut sein sollte, als Monstren, die das geordnete System ins Wanken bringen und von denen man die Gesellschaft bewahren muss. Theseus, der Bezwinger des Minotaurus ist der »Gott« dieser neuen Welt – der Pakt mit den Tieren ist jedenfalls zerbrochen. Schlimmer noch: Gelegentlich wird sogar die Verwandlung in ein Tier, in ein Mischwesen als Strafe vollzogen: Furien, Erinnyen und Medusa sind das Resultat solcher Strafaktionen. Frau und Untier – bedrohlich, verführerisch, grausam. Hier nimmt diese fatale, bis in die Gegenwart reichende Denkfigur ihren Anfang.

Es ist kein Zufall, dass Mischwesen erst wieder in der Arbeit radikaler Vordenker wie Friedrich Nietzsche und Sigmund Freud eine substanzielle Rolle zu spielen begannen. Im Herbst 1881 notiert Nietzsche mit Blick auf die Sphinx:

> Hier sitzest du, unerbittlich
> wie meine Neubegier,
> die mich zu Dir zwang:
> wohlan, Sphinx, ich bin ein Fragender,
> gleich dir,
> dieser Abgrund ist uns gemeinsam –
> es wäre möglich, daß wir mit Einem
> Munde redeten.[2]

Auch die Freud'sche Psychoanalyse spricht erstaunlich oft von Tieren, man könnte auch sagen, sie spreche sogar *in* Tieren, um Elias Canetti zu paraphrasieren: »Er denkt in Tieren wie andere in Begriffen.«[3] Doch ist es sicherlich nicht verfehlt zu sagen, dass diese Visionen des Einklangs und der konsequenten Überlagerung, Durchdringung und Vermischung zunächst in der Tat nur gewagte Grenzgänge darstellen, die nur wenige zu gehen wagten.

Mit dem Ruf des Delphischen Priesters Plutarchos »Der große Pan ist tot« wurde nicht nur eine skurrile Erscheinung zu Grabe getragen. Der Ausspruch markiert das Ende einer Kultur, die im osmotischen Austausch der Lebensformen, in der Überlagerung der Gesichter und der Geschichten ihren Ausdruck gefunden hatte.

2. Die Rückkehr der Toten

Erst die Nachgeschichte wird zeigen, dass mit dem Akt der Vertreibung aus dem Paradies der Mischwesen nichts geleistet war. In der Fantasie der Menschen lebten und leben sie mit erstaunlicher Vitalität fort. So als nähmen sie subtile Rache für ihre Verdammung und Vertreibung. Im alltäglichen Usus scheinen sie förmlich omnipräsent zu sein: Mit der Kraft eines Löwen und dem Kopf eines Menschen auf Jagd zu gehen oder fischschwänzig in die Tiefe abtauchen zu können – wer hätte gelegentlich nicht schon davon geträumt? Aber auch wenn es ernst wird mit unseren Gefühlen, kommen schnell Tiere ins Spiel. Man nimmt eine Sache »tierisch ernst«, »leidet tierisch«, ist eine »Intelligenzbestie«, verhält sich wie eine Herde von Lemmingen oder fällt wie Heuschrecken über die Welt her. Von den unheilverkündenden schwarzen Katzen gar nicht zu reden. Auf dem »Friedhof der Kuscheltiere« begraben wir unsere Sehnsüchte und Fantasien, und Draculas Vampire spuken durch unsere Alpträume.

Irgendwo im Niemandsland unserer Emotionen scheint es nach wie vor eine imaginäre, höchst intensive Kontaktzone zwischen Mensch und Tier zu geben. Ein Territorium der Grenzüberschreitungen, Momente, in denen keiner genau weiß, wo das Gebiet der einen Art aufhört und das der anderen beginnt. Wir sollten den Mut haben, dieses mysteriöse Zwischenreich zu betreten, denn offenkundig führt es ins Zentrum, nicht in die Peripherie unseres Wesens – und zu den Ursprüngen unserer Kultur.

Denn nicht nur, dass wir uns mit Tieren metaphorisch vergleichen, sie beschwören, sie verehren oder verfluchen – häufig verwandeln wir uns auch in sie. Mesalliancen, Mixturen, Mischungen und Kreuzungen aller Arten beschäftigen nach wie vor unsere Fantasien. Tiere sind im juristischen Sinne mittlerweile zwar keine »Sachen« mehr, sondern »Lebewesen«. Doch Menschen hingegen sind – Menschen. Lebewesen mit Rechten, Pflichten, mit Personalausweis und PIN-Code. Von der unantastbaren Würde ganz zu schweigen. Zwischen beiden Existenzformen wird eine klare, diskursiv fassbare Grenze gezogen. So als ob damit alle Probleme, vielleicht sogar die entscheidenden, was die Beziehung Mensch-Tier betrifft, gelöst wären. Nur die Literatur und die Künste stellen sich der weitaus komplexeren Realität, die genau mit dieser mischwesenhaften Doppelnatur zu tun hat. Zwischen sentimentalem Kuscheltiergehabe und nüchterner Schlachtfestroutine bewegt sich die Spannweite unserer wechselweise wahlverwandtschaftlichen wie auch fremdkörperlichen Beziehung.

Dummy oder Alien – das Tier ist nicht nur unser Objekt, es ist auch unser Subjekt. Der »schwarze Kater« in Edgar Allan Poes gleichnamiger Erzählung von 1843 darf als beispielhaft für dieses verhängnisvolle Patt, diesen riskanten Balanceakt gesehen werden. Gemeinsam mit dem Protagonisten durchläuft der Leser hier alle Stadien einer ins Extreme gesteigerten, gefährlichen Liaison – von zärtlicher Liebe bis zu diabolischer Grausamkeit. Zu Beginn erleben wir einen nahezu idyllisch erscheinenden Einklang zwischen Menschen und Tieren. Ein glückliches junges Paar umgibt sich mit allem nur denkbaren Getier – darunter jenem auffallend schönen und klugen schwarzen Kater, der seinem Herrn geradezu »hündisch« ergeben scheint, bevor dieser ihn im Zustand der Trunkenheit schwer misshandelt und erdrosselt. Auf der Suche nach dem Motiv ist der Alkohol nur auf den ersten Blick der entscheidende Faktor – hinter der Tat steckt etwas ganz anderes, sehr viel tiefer Liegendes, weitaus Beunruhigenderes: der vorsätzliche Versuch eines Verstoßes, einer Revolte gegen moralische Gesetze und Reflexe in uns. Mittels des Tiers statuiert der Protagonist ein Exempel gegen sich selbst: »Jener unergründliche Drang der Seele […] das Unrecht nur um des Unrechts willen zu begehen, trieb mich an, das unschuldige Tier […] noch weiter zu quälen. […] [I]ch hängte es auf, während mir die Tränen aus den Augen strömten, […] hängte es auf, weil ich wußte, daß es mich geliebt hatte […].«[4]

Dies also ist, wenn man so will, des Pudels Kern. Das Tier, das Lieblingstier, die Liebe des Tieres ist der Schauplatz, das Experimentierfeld eines Selbstversuchs. Eines Selbstversuchs mit dem Suchtcharakter einer Serientat. Der Katzenjammer setzt einen fatalen Mechanismus in Gang – mit verhängnisvollen Folgen. Eine zweite Katze, Double der ersten, klammert sich an ihn. Ein zweiter Mordversuch endet in einer Katastrophe. Ein der Katze zugedachter Axthieb trifft seine Frau, die sich dazwischenwirft. Und es wird die Katze sein, die letztendlich durch ihr Verhalten zum Fund der eingemauerten Leiche führt und den Täter aufs Schafott bringt. Ein irritierendes Deutungsspektrum wird hier aufgerissen: Ist das Tier unschuldig, der Mensch eine Bestie? Weckt das Tier die Bestie im Menschen? Ist das Tier Bote des Bösen? Oder ist es die Instanz einer höheren Gerechtigkeit, die die Ordnung wiederherstellt?

Die Erzählung drängt nicht auf eine Lesart, sie mauert nicht, sie öffnet und legt die »Innereien« unserer widersprüchlichen Gefühle schonungslos frei. Dennoch ist Poes Geschichte insofern kommensurabel, als das grausige Geschehen als Ausnahmefall, als Skandalon gezeichnet wird. Bei Franz Kafka indes wird die animalische Bedrohung zur Normalität, zum ganz und gar sozialen Phänomen, fast zur Alltäglichkeit. Es mag mit seiner Lebenssituation als Teil einer jüdisch-deutschsprachigen Minorität im tschechischen Prag zu tun haben, dass er sich möglicherweise selbst wie in einem Gehege, einer Menagerie – gesammelt, begutachtet, bewacht – vorkam. Viele seiner Texte spiegeln diese Sensibilität und Reizbarkeit experimenteller Grenzüberschreitungen unterschiedlicher Lebensformen: *Forschungen eines Hundes*, *Ein Bericht für die Akademie*, *Die Verwandlung*, *Josephine, die Sängerin oder das Volk der Mäuse* sind nur die bekanntesten davon. Kafka kreiert und konstruiert forschende Hunde, virtuos singende Mäuse und dozierende Affen. Wenn der »Menschen-Affe«, Grenzüberschreiter per se, der in einem Ton, der jeder Menschenakademie zur Ehre gereichen würde, sein eigenes »äffisches Vorleben« reflektiert, sowie den Prozess, der ihn dazu (ver)führte, sein »Affentum« hinter sich zu lassen und zu etwas Menschlichem, zumindest Menschenartigem zu werden. Nun ist es nicht mehr der Mensch, der das Tierische abzustreifen versucht. Kafka imaginiert vielmehr ein Tier, das seiner Natur entfliehen will, und sich dem Menschen nähert. Seine Methode: observieren – imitieren – simulieren: »Ich wiederhole: es verlockte mich nicht, die Menschen nachzuahmen; ich ahmte nach, weil ich einen Ausweg suchte [...].«[5]

Natürlich beschreibt Kafka hier einen Transformations- oder Assimilationsprozess, der auch eine ganz andere, möglicherweise politische Bedeutung haben könnte. Fakt aber ist, dass dieser Vorgang mit tierischem Personal durchgespielt wird und man sich doch die Frage stellen darf: Warum? Wird die Problematik dadurch anschaulicher oder lächerlicher? Dient der Umweg dazu, die Problematik polemisch zu verschärfen, oder sie absurd zu relativieren? Sie näher an uns herankommen zu lassen, oder sie auf Abstand zu halten? Es ist sicher kein Zufall, dass man keine dieser Fragen mit einer eindeutigen Zuschreibung entscheiden kann. Man kann den Menschen mit gleichem Recht als »Beinahe-Tier« wie das Tier als »Beinahe-Menschen« sehen – beide Sichtweisen sind legitim. Der doppelte Blick, der die eine Existenzform permanent an der anderen spiegelt, öffnet die Sicht auf die Fragwürdigkeit unserer Verhaltensweisen, ohne zu moralisieren. Die Tiere figurieren dabei strukturell gleichsam als unsere Dummys. Man postuliert keine Gemeinsamkeiten noch zieht man Linien der

Differenz. Statt eines rigiden und kurzsichtigen »Entweder-Oder« bespielt man das ungleich anregendere Terrain der Ähnlichkeiten, des »Sowohl-als-auch«. Und kommt damit der Wirklichkeit weitaus näher als durch noch so verquere Bemühungen um eindimensionalen Realismus.

Natürlich bleibt es nicht immer beim Gedankenspiel. In Kafkas *Verwandlung* fehlen alle experimentellen, spielerischen, artistischen Momente. Alles virtuose Balancieren zwischen unterschiedlichen Graden des Tier-oder-Mensch-Seins. Der Akteur ist kein Artist, sondern das Opfer einer brutalen animalischen Attacke ohne jedes Wenn und Aber: »Als Gregor Samsa eines Morgens aus unruhigen Träumen erwachte, fand er sich in seinem Bett zu einem ungeheueren Ungeziefer verwandelt.«[6] Der Beginn eines Martyriums, eingeklemmt zwischen Tierleib und Menschengefühl, mit dem schrecklichen Ende der Eliminierung: »›Weg muß es!‹, rief die Schwester, ›das ist das einzige Mittel, Vater. Du mußt bloß den Gedanken loszuwerden suchen, daß es Gregor ist. Daß wir es solange geglaubt haben, ist ja unser eigentliches Unglück.‹«[7]

Die Option der Wahlverwandtschaften ist zum Horrortrip der Absonderung, der Ausstoßung all dessen geworden, was nicht »ins System« passt. Erschreckend, dass das, was hier als Denkspiel eines Autors begann, sich wenige

Jahre später als Vernichtungstheorie und -Praxis über die halbe Welt stülpen sollte. Juden, in der Terminologie der Täter »Ungeziefer«, »Nummern« werden zu Millionen eliminiert – sie »müssen weg«, weil sie keine Menschen sind.

Ähnlich rigide ist das Vorgehen in George Orwells *Animal Farm* aus dem Jahr 1945. Hier übernehmen Tiere gänzlich das Kommando. Ihr Versuch, ein »animalisches« Gegensystem zu dem des auf Ausbeutung und Unterdrückung angelegten menschlichen zu kreieren, führt zu einem Umsturz. Die Farm wird in »Farm der Tiere« umbenannt, und an die Rückwand der großen Scheune werden die Sieben Gebote des »Animalismus« geschrieben, nach denen alle Tiere der Farm leben sollen:

1. Alles, was auf zwei Beinen geht, ist ein Feind.
2. Alles, was auf vier Beinen geht oder Flügel hat, ist ein Freund.
3. Kein Tier soll Kleider tragen.
4. Kein Tier soll in einem Bett schlafen.
5. Kein Tier soll Alkohol trinken.
6. Kein Tier soll ein anderes Tier töten.
7. Alle Tiere sind gleich.[8]

Auf diese Art verfremdet, wird der absurde und gemeingefährliche Mechanismus ideologischer Dogmen und Theoreme besser greifbar als durch noch so viel analytische Studien. Erst über den Fremdkörper der Tiere kommt die Perversität menschlicher Systeme zu voller Kenntlichkeit. Denn im Mund von Schweinen oder Pferden wird die Willkürlichkeit und Paradoxie auf unsere Weise zu denken und Gesellschaft zu organisieren in seiner ganzer Wucht spürbar.

So gesehen ist das wechselseitige Projektionsverfahren Tier-Mensch-Tier kein idolisierender Weichzeichner, sondern – im Gegenteil – eine provokante Zuspitzung nach dem Motto: Schaut doch mal in den Spiegel!

3. Unterwasserwelten

So bewegen wir uns auf der Suche nach dem Tier seit vorgeschichtlichen Zeiten zwischen Vergöttlichung und Verwertung, zwischen Sphinx und Spiderman. Menagerien eigentümlicher »Kreuzungen« von Menschen mit Löwen, Pferden, Stieren, Bären, Fischen, die seit der mesopotamischen, griechischen, römischen Antike zu unseren Mitbewohnern wurden: seien es Kentauren oder der Minotaurus, Lamassu oder Pegasus, Sirenen oder Nixen. Ganz offenbar sind wir von der Vorstellung, in eine andere Haut zu schlüpfen, seit jeher fasziniert und haben Lust an diesem Experiment, diesem Grenzgang, dieser Grenzüberschreitung. Und um eine solche handelt es sich, wenn man sich in der Vorstellung mit dem ganz und gar Anderen »paart«, sich gewissermaßen halbiert und zugleich verdoppelt. Eine Verwandlung, die uns in andere Regionen der Existenz, an andere unheimliche Orte entführt. Wärter, Helfer, Götter, Gegner – alles können diese übernatürlichen Wesen sein. Alles, was wir ihnen zuschreiben. Denn sie sind unsere Kreation, vom Anfang der kulturellen Entwicklung bis in die Gegenwart.

Und sie sind es auch wieder nicht. Denn einmal freigesetzt, entwickeln diese Phantasmagorien ungeahnte Kräfte. Kräfte von einer Intensität, die uns nahezu vergessen lassen, dass diese Wesen nur Ausgeburten unserer Imagination sind. Dennoch sind die Folgeerscheinungen dieser virtuellen Verwandlungen auf Zeit so stark, dass wir in ihren Bann geraten und zu ihren Dienern oder Helfern werden. Dann ist es an der Zeit, die Fantasie wieder zu bändigen oder zu domestizieren. Deshalb ist es kein Wunder, dass die meisten der überlieferten antiken, aber auch moderneren Mythen um Mischwesen von der Bändigung und Domestizierung dieser Wesen handeln. Die Machtverhältnisse drehen sich ein weiteres Mal um – wir sind es, die nun die Bestie zähmen, sie dominieren. Die Natur wird außer Kraft gesetzt, gerade wenn wir im Begriff sind, ihr zu verfallen.

Die Art und Weise, wie Odysseus sich vor den magischen Gesängen der todbringenden Sirenen schützt, ist exemplarisch hierfür: nur indem er sich an den Mast binden lässt, vermag er den verlockenden Klängen der gespenstischen Wesen, halb Frauen, halb Vögel, zu widerstehen. Ihn aber reizt genau diese extreme Herausforderung. Den Schiffskameraden versiegelt er die Ohren mit Wachs – Odysseus selbst aber will den unwiderstehlichen Gesang hören, ohne dadurch zu Tode zu kommen. Das fesselnde Spektakel schlägt ihn in seinen Bann – nur die Fesseln hindern ihn, den Sirenentönen zu verfallen: Es gibt kaum ein trefflicheres Bild, um die Dominanz des menschlichen, in diesem Fall männlichen Intellekts zu dokumentieren. Der Heros entzaubert und bannt die Dämon:innen auf offener epischer Bühne.

Dass er vorgewarnt ist und so der Gefahr entgehen kann, verdankt er übrigens einer Frau, der Zauberin Circe, die ihn auf ihrer Insel erfolglos festzuhalten versuchte, aber schließlich seinem Verlangen in die attische Heimat zurückzukehren nachgab. Es ist wie ein Vorspiel zur Sirenenepisode: Der Held kostet den Moment der sinnlichen beziehungsweise erotischen Verführung aus, ohne ihm zu verfallen. Jedenfalls wird genau dies gezeigt. Circe bleibt zurück, die Sirenen werden umschifft und wenig später schlängelt sich Odysseus sogar an Scylla und Charybdis, zwei monströsen Mischwesen weiblichen Geschlechts, vorbei. Charybdis ein amorphes, gestaltloses Ungeheuer; Scylla ein männerverschlingendes Hybrid: Ein weiblicher Körper, dessen untere Extremitäten in sechs Hundeköpfen mit Reißzähnen münden, die alles verschlingen – darunter, vor den Augen des entsetzten Odysseus, sechs seiner Gefährten.

Es scheint, als sei das Meer und die Meeresgestade von weiblichen Monstrositäten bevölkert, die allem Männlichen auflauern, um es zu zerstückeln, zu vertilgen oder zu ersticken. Oder umgekehrt, als sei diese Invasion der Unwesen gleichsam Kulisse für die demonstrative Selbstinszenierung heroischer Dominanz. Man muss keine komplizierten Gendertheorien oder psychoanalytische Ansätze bemühen, um festzustellen, dass hier ein wahres Schlachtfeld der femininen Meeresungeheuer in Erscheinung tritt. Ob magische Insulanerinnen oder gefräßige anthropomorphe Mischwesen – der Kurzschluss des Weiblichen als des bedrohlichen, gefährlichen, zugleich verführerischen wie tödlichen wird hier in Europas Mare Nostrum in Szene gesetzt. Dazu die Schar der Gorgonen, Medusen, Hydren – allesamt verwunschene oder vom göttlichen Vater bestrafte Töchter. Ihre Schuld besteht in der Mehrzahl der Fälle aus mangelnder Bereitschaft, sich zu unterwerfen. Ihre Strafe: Die Verwandlung in monströse Mischwesen, die Angst und Schrecken verbreiten.

Die verfluchten Töchter lauern in Höhlen, durchpflügen die Meere, immer auf der Suche nach menschlichen Opfern. Doch so schrecklich sie sind – manche ihrer männlichen Opfer erweisen sich gegenüber ihrer mythischen Kraft als überlegen. Manche der Seefahrer und Krieger, die sie bedrohen, stellen sich als stärker und vor allem gewitzter heraus – verwandeln Herausforderung in Sieg oder Unterwerfung – und genau dies ist der Kern der Geschichten um diese Inkarnationen des »Bösen«. Sicher, oberflächlich gesehen handelt es sich nur um den Kampf gegen Seeungeheuer. Doch die Narrative signalisieren zugleich auch eine Schlacht um virile Dominanz, einen Kampf der Geschlechter auf und unter dem Wasser.

Nicht nur das Meer, auch Seen, Quellen, Flüsse können zum Schauplatz ähnlicher Kämpfe werden. Inspiriert von der geheimnisvollen Aura der Gewässer und ihrer mythischen Bewohnerinnen entstehen faszinierende und erschreckende Fantasiebilder und beleben ganz besondere Wasserwesen, allen voran naturgemäß Wasserfrauen und Nixen unterschiedlichster Bauart – von urtümlich bis märchenhaft, bedrohlich bis umgänglich. Im poetischen Fundus der Romantik finden sich Scharen solcher Wesen, aus denen man literarisch schöpfen konnte – allen voran natürlich Friedrich de la Motte Fouqués *Undine*, die bis in die Moderne Furore machen sollte wie auch Hans Christian Andersens *Kleine Meerjungfrau*, die gleichfalls Generationen ichthyologisch inspirierte. Ob menschenfreundlich oder dämonisch, fischschwänzig oder zweibeinig, märchenhaft, mystisch oder lebensnah – diese Inkarnationen der Uneindeutigkeit frappierten und frappieren noch immer, sind populär bis zum Kitschigen. Diese Nähe zwischen Tod und sprudelnder Vitalität zeichnet das Geschlecht der Nixen von Anfang an aus. Der Todeskuss der Undine am Ende von Fouqués Erzählung steht in seiner erotisch aufgeladenen (wechselseitigen) Intensität dem Finale von Kleists *Penthesilea* in nichts nach – zwar keine Küsse aus Bissen und kein Blut – dafür fließt standesgemäß Wasser: »[I]ch habe ihn totgeweint«, sagt Undine – und geht. Eine große, ebenso zerstörerische wie anrührende Geste. Ihr uneindeutiges erotisches Fluidum vereint alle weiblichen Wasserwesen, ob auf hoher See oder – im schwäbischen Blautopf, einer geheimnisvollen Kraftquelle, in der auch Eduard Mörikes »schöne Lau« lebt. Von all der latenten Monstrosität oder zumindest dem morbiden Schauer um magische Mischwesen ist bei Mörike nichts erhalten. Allenfalls ein wenig Traurigkeit und Melancholie umweht diese ganz und gar menschenaffine Grenzgängerin. Nur einmal kommt es zu einem Vorfall: »Geschwinder als ein Blitz und giftiger als eine Otter fuhr sie heraus«[9] aus ihrem See, aus ihrer Haut, schnappte sich einen zudringlichen Jungen und zog ihn in ihre Unterwelt. Doch selbst diese Episode endet glimpflich.

Ansonsten aber bevorzugt die interessierte, kulturell aufgeschlossene Wasserfrau es, still »am lichten Tag mit halbem Leib«[10] heraufkommend aus ihrem Element aufzutauchen und dem menschlichen Orgelspiel, das von der nahegelegenen Kirche herübertönt, aufmerksam zu lauschen oder mit den ihr unterstellten Wasserzofen zu spielen oder zu scherzen.

In vielen Märchen sind kulturelle Ereignisse gespeichert, die sich häufig Jahrhunderte später als historisch zutreffende Fakten erweisen. Die »Balkanroute« der Einwanderung einer anderen Spezies von Hominiden über das Schwarze Meer, entlang der Donau stromaufwärts bis in den Raum der Schwäbischen Alb, gehört dazu.

Was mittlerweile als »Weltkultursprung« UNESCO-geehrt wird – die Menagerie der eiszeitlichen tierischen, menschlichen und »halbmenschlichen Gebilde« (Mörike) der Schwäbischen Alb – ist Resultat einer großen frühgeschichtlichen Migrationswelle. Der Homo sapiens aus dem Osten traf auf den europäischen Neandertaler, der hier bis dahin dominiert hatte. Es kam, auch dies ist mittlerweile nachgewiesen, zu Vermischungen, biologisch wie kulturell, die einen förmlichen Emergenzschub an intellektueller Entwicklung freisetzten. Ob Löwenmänner oder Fischfrauen, es ist kein Zufall, dass gerade Mischwesen, Vermischungswesen die Schlüsselfiguren auf dem Weg zur Moderne sind. Gewissermaßen als artifizielle Dummys unbekanntes Terrain sondieren – ausgestattet mit zwei Sensorien, zwei halben und einer doppelten Identität.

Mörikes »schöne Lau« ist Außenseiterin und zugleich Zugehörige in zwei extrem unterschiedlichen Welten. Zum einen ist und bleibt sie als Gattin eines Wassernixenfürsten aus dem Schwarzen Meer Angehörige einer uralten wässrigen Donaumonarchie. Der temporäre Aufenthalt am Blautopf, dem Archipel Gulag der Donauzuflüsse, ist der Tatsache geschuldet, dass sie sich am Hof des Wasserfürsten als dezidierter Stimmungskiller erwiesen hat – indem sie nie lachte. Das Ziel, die Konfrontation mit den Irdischen als eine Art Lachtherapie.

Was für eine Mission für eine »Undine«. Undine auf Wanderschaft, ausgerechnet jene Wesen, die zumeist archaisch beheimatet in urtümlichen Gewässern gründelnd dargestellt werden, nun als Teilzeit-Wassergeist mit Migrationshintergrund. Kein Bann, keine Magie, kein Zauber – stattdessen mutiert die Wasserfrau, zunächst die Inkarnation des Fremdartigen, innerhalb weniger Stunden zur vertrauten »Hausfreundin«, die sich den Gebräuchen der Menschen unterordnet und zwischen den Welten des Wassers und den menschlichen Behausungen pendelt.

Eine Verwandlungskünstlerin auf dem Weg zu einer neuen Identität? Fast möchte es so scheinen, wenn sie kurze Zeit später sprachlos lange Zeit vor ihrem Spiegelbild verharrt, »betroffen und verstockt« wie der Erzähler anmerkt und ein paar Stunden darauf, wieder in ihr Reich, den Grund des Blautopfs zurückkehrt. Und doch wäre es verfehlt, würde man das Ganze als simple Dekonstruktion des Mythos abtun. Weit eher handelt es sich um seine allmähliche Eingemeindung in die Koordinaten der bürgerlichen Ordnung, nicht ohne dass diese ihrerseits einem veritablen Stresstest unterzogen würde. Allmählich setzt die für Mörike und seine Zeit kennzeichnende Gegenbewegung ein und die reale Umwelt generiert nun ihrerseits jene Abgründigkeiten, die der mythischen Welt abhandenkommen. Während die schöne Lau peu à peu zur gut integrierten Schwäbin mit Migrationshintergrund wird, verwandelt sich die Wirtin zur Undine auf Traumzeit. Wenig später endet der Besuch der Wasserfrau in der Welt der Menschen. Undine geht. Undine lacht. Und alles zerrinnt wie ein Spuk. Dennoch bleibt etwas von der spukhaften Begegnung übrig und wirkt nach.

Im Umkreis des Blautopfs tauchen Wesen auf, die den Erzählfaden unterirdisch, unterseeisch aufnehmen. Im Sediment der Erzählungen sind die Erfahrungen der Vergangenheit verwesungssicher eingeschlossen und können jederzeit wieder ans Tageslicht treten. Häufig in Gestalt von Mischwesen geradezu bizarrer, menschlich-zwergenhafter Art: zugleich Gnom, guter Geist, Greis, Kind, Helfer, Hexer. Es ist kein Zufall, dass ein weißer Magier im verwegenen Schlussteil der verschachtelten Erzählung Regie führt und ein neues, hochorganisches Misch-wesen kreiert.

Im Labor des Doktor Mörike entstehen neue kombinatorische Wesen zwischen Mensch und Mensch sowie Tier und Mensch in Serie. Neu koordiniert hat weit voneinander Entferntes durch einen Mix aus Zufall und Zauberkniff zusammengefunden und beginnt sich harmonisch zu bewegen, ein Ganzes aus zwei Teilen, zwei Teile als ein Ganzes. In der Erzählwelt Mörikes kommt den Mischlingen ersten und zweiten Grades eine ganz besondere Funktion zu: Sie werden gebraucht und eben weil sie gebraucht werden, entstehen sie, klopfen an, sind da – und werden ihrerseits zu anderen. Der Erzähler balanciert ständig und überaus artistisch auf dem Hochseil der erzählerischen Wahrnehmung und Verfremdung – schwindelerregend – kurz vor dem Abstieg, Fall. Ein Erzählspiel auf Leben und Tod fast so extrem wie der existenzielle Zwischenzustand, in den sich Eduard Mörike hineinlebte. Es ist kein Zufall, dass sich Spukhaftes immer wieder in Mörikes Werken findet und die Sensibilisierung für grenzgängerische und parapsychologische Themen den Erzähler förmlich überflutet. Die Methode Mörikes hat in der Doppelwahrnehmung der Wirklichkeit ihr Zentrum. Jeder

Wurm kann zur Schlange werden – jede Schlange aber auch zum Wurm verkümmern. Sich über »die dunkle Seite der Welt« lustig zu machen und ihr gleichzeitig wieder und wieder zu verfallen, ist für ihn kein wirklicher Widerspruch. Der Spuk im Pfarrhaus beginnt und endet auf der Schwelle zum Krankenzimmer. Nein, ich kann und will hier keinen Cleversulzbach'schen Edgar Allan Poe oder Horace Walpole präsentieren. Es ist nicht das Faszinosum der damaligen Horrorliteratur, das Mörike frappiert oder ängstigt. Dieses jämmerlich-gemütliche, unendlich zerrissene in den Körper, die Familie und den verhassten Beruf eingezwängte Leben sucht sich literarische Chiffren, um mit der Welt trotz allem kommunizieren zu können. Und sei es durch falsche Idyllen, abgründige Schrullen oder das Bedrohliche verharmlosende Märchen – wie das von der schönen Lau.

»Die Vernunft ist ein Balance-Tier«,[11] schreibt Alexander Kluge in seinem *Pluriversum* und Leslie Adelson ergänzt im selben Kontext: »Das Außerirdische /ist/ in uns«. Auch Mörikes Gehirn scheint von einer derartigen zerebralen Doppelhelix geprägt. Es pulsiert in einer Art wahrnehmungsphysiologischem Dauererregungszustand, einer dualistischen Reizbarkeit prinzipieller Art. In einer kleinen Notiz über *Die doppelte Seelentätigkeit* entwirft er folgendes Szenarium: »[D]ie

Seele strahlt und wirkt von ihrer Nacht- und Traumseite aus in das wahre Bewußtsein herüber, indem sie innerhalb der dunkeln Region die Anschauung von Dingen hat, die ihr sonst völlig unbekannt blieben.«[12] In Mörikes Vorstellung wechseln also Impulse zwischen der Tag- und der Nachtsphäre des Gehirns mittels hochfrequenter Schwingungen. Ständig zwischen limbischem System und Großhirnrinde oszillierend, entsteht im Zusammenspiel beider Hemisphären ein zwar labiles, aber gesteigertes Gleichgewicht unterschiedlicher Erfahrungs- und Bewusstseinsmomente – ein zerebrales Mischwesen. Mörikes Gehirn scheint solch ein Mischwesen gewesen zu sein. Es war dazu verurteilt, Mischwesen – nachgerade seriell – zu produzieren. Ein Spiegel unserer aller Versuche, den Fängen und Umklammerungen der bürgerlichen, vielleicht sogar spießbürgerlichen Welt zumindest virtuell zu entkommen.

4. Aus dem Staats- und Familienleben der Tiere

Das lange Zeit Verdrängte, Unheimliche kehrte ganz allmählich, mitten im rationalistischen, fortschrittsversessenen 19. Jahrhundert, zurück und manifestierte sich nicht nur im Refugium der Unterwasserwelten.

Es hielt auch Einzug in Büros, Salons, Gerichtssäle und Theater. Ein Blick in die grandiosen Karikaturen von Grandville oder Wilhelm Busch zeigt dies auf erhellende Weise: Tiere stürmen das Parkett, erobern die Welt und treten an die Stelle der Menschen. Wölfe in Richterroben und Abendkleidern, Hunde in Livree, Elstern am Schreibtisch, Kater mit Pelzkragen und Zylinder. Kraniche als Doktoren, Insekten als Salonlöwen. Grandville beginnt als »normaler« Karikaturist, skizziert Politiker und Bürger, Bankiers und Banditen mit den üblichen zeichnerischen Mitteln: dicke Nasen, schiefe Mäuler, schmallippig, wulstig, tückischer Blick, anmaßende Gesten. Witz, Schärfe und Biss erhalten seine Skizzen erst, als tierische Wesen auf den Plan treten und sich über die menschlichen Körper stülpen – Hals

Abb. 4. *Bilder aus dem Staats- und Familienleben der Tiere* von Grandville

über Kopf. Meist bleiben vom Menschlichen nur noch die Tentakel der Hände. Die Füße stecken noch in edlem Schuhwerk à la mode, Talaren und Uniformen, Putz und Schmuck, Hauben und Bändchen, selbst die Gesten und Verrenkungen sind ganz so, wie wir sie aus dem menschlichen Verkehr kennen: geziert oder verschämt, dominant oder affektiert.

Was sehen wir? In Tiere verwandelte Menschen? Oder Tiere mit einigen menschlichen

Restbestandteilen? Verkleidung oder Verwandlung? Karneval der Tiere oder menschliches Bestiarium? Émile Zolas Roman *La Bête humaine*, (im Deutschen bezeichnenderweise übersetzt mit »Die Bestie im Menschen« oder »Das Tier im Menschen«) bewegt sich genau entlang dieser Schnittstelle und beantwortet diese Fragen auf relativ eindimensionale Art und Weise. Am Beispiel der mörderischen Geschichte werden alle triebhaften, grausamen Ebenen im menschlichen Verhalten auf die Ebene des Tierischen verlagert. Die Idee dahinter ist ebenso klar wie plakativ.

Entsprechend seines wissenschaftsgläubigen Weltbildes will Zola den Menschen als biologische Spezies betrachten, die nach derselben Mechanik funktioniert wie alle anderen Lebewesen, und die den gleichen deterministischen Gesetzen wie Bestien unterworfen ist. Hat man diese Mechanik einmal entschlüsselt, so die Hoffnung des Autors, wird man im Stande sein, den Menschen artgerecht zu domestizieren und vielleicht sogar zu verändern. Resultat dieses Denkens: Menschen, die sich wie wilde Tiere verhalten – wilde Tiere der Art, wie Menschen sie sich vorstellten, als instinkt- und triebgesteuerte Wesen. Ein Kurzschluss mit Erfolgsgarantie – viele seiner Romane waren zu seiner Zeit Bestseller.

Anders Grandville. Er liebt gleitende Übergänge, das Verfließen der Grenzen. Zeichnerische Verwandlungen, spielerische Animationen, Metamorphosen. Er nennt sein Werk *Eine andere Welt* im Untertitel, eine Mischung aus »Transformationen, Visionen, Inkarnationen, Lithomorphosen, Methempsychosen, Apotheosen und anderer Verwandlungskunststückchen [...]«. Bei André Breton heißt es einmal: »Alle Dinge sind anderen Verwendungszwecken zugedacht als denen, die wir ihnen im Allgemeinen zubilligen«. Etwas davon eignet auch den menschlich-tierischen Begegnungen, die Grandville auszeichnen. Mit einem Mal verschmelzen Dinge und Wesen, die man sich immer als getrennt voneinander gedacht hatte. Die spielerische und manchmal träumerische Erkundung dieser »anderen Welt« ist das Zentrum seiner Arbeit, die sich in abertausenden von Blättern in immer neuen Kombinationen und Experimenten niedergeschlagen hat. Denn es ist nicht etwa so, dass eine Tierart für eine jeweilige Eigenschaft steht. Weit eher handelt es sich um ein neugieriges Erkunden von kombinatorischen Möglichkeiten. Vielgestaltig, variabel, nicht 1:1, sondern viele Köpfe auf vielen Körpern werden ausprobiert wie in Thomas Manns Geschichte von den *Vertauschten Köpfen*.

Wesen und Anmutung – passt das zusammen? Nicht immer. Macht der Umweg über das Tier den Menschen wirklich kenntlicher? Bringt es ihn und seine Natur tatsächlich genauer zum Vorschein? Oder dient es nur als Vehikel, um seine Schattenseiten zu spiegeln und ihm diesen Spiegel lächelnd vorzuhalten? Ob ironisch oder liebevoll sei dahingestellt: Die offensichtliche Lust des Zeichners daran, immer neue Kombinationen zu erproben und den Menschen gleichsam durchzutesten, in welcher »tierischen« Maskerade er sich selbst am nächsten ist. Und sich damit neu entdeckt.

Es ist ein bemerkenswertes Phänomen, in gewissem Maße sogar ein Wendepunkt zur bisherigen, die Tiere mehr und mehr ausgrenzenden Entwicklung. Erst nur mehr Hilfsmittel, dann Untergebener – systematisch wurde das Tier erst seiner göttlichen, dann auch seiner menschlichen Qualitäten beraubt. Jedenfalls was den öffentlichen Diskurs betrifft. Dieser Verdrängungsprozess im Sinne einer Hierarchisierung sollte eigenartige Spätfolgen generieren. Die von der kulturellen Oberfläche verbannten Tiere verschwanden nicht, sie zogen sich in andere Refugien zurück. Genauer gesagt: Wir wiesen ihnen andere Räume zu. Mit pädagogischem Auftrag versehen, durften sie ein nützliches Schattendasein führen, sozusagen als didaktische Hilfsgeister – von Ovid über La Fontaine bis James Thurber –, meist um menschliche Schwächen

Abb. 5. *Bilder aus dem Staats- und Familienleben der Tiere* von Grandville

durch tierische Verhaltensweisen abschreckend zu beleuchten. Anders bei Grandville, wo dem Tier wieder die Ehre zuteilwurde, den Menschen sich selbst zu erklären. Vielleicht sogar, ihn überhaupt erst zum Vorschein zu bringen. »Jetzt erst verstehe ich die Wölfin als die Mutter Roms« ist der Titel der Karikatur einer ebenso eleganten wie gefährlichen französischen Salonlöwin, oder sollte man besser sagen »Salonwölfin«. Und man weiß nicht so recht, ob man dadurch die wahre Natur Roms oder die der Pariser Salons besser versteht.

Aber auch das Umgekehrte gilt. Durch ihre Personifikation bekommen auch die Tiere Identität – ja »menschliche« Würde.

Auch das männliche Pendant als »gutgekleidetes Insekt und schöner Tänzer« zeigt erst in seiner insektoiden Rückansicht, wes Geistes Kind dieser narzisstische, in seine Eleganz versteifte Beau im Chitin- beziehungsweise Frackpanzer ist. Wobei man schon die Frage stellen darf, wer hier wen spiegelt – und auf welcher Seite der Wirklichkeit der Betrachter sich positioniert. Falls solch eindeutige Positionierung überhaupt Sinn macht, denn oft sind die Übergänge zwischen dem Humanoiden und dem Animalischen gleitend und je nach Blickwinkel so oder so deutbar. Dazu kommt das Faszinosum der permanenten Verwandlungen und Mutationen zwischen Tier und Mensch, eine Art latenter, aber durchaus kreativer Rückwärtssalto der Evolution. Katzen verwandeln sich in menschliche Wesen, der Schattenwurf an der Wand wird zur Folie der Menschen *in statu nascendi*; ein Rattenrudel mausert sich zum Parlament, in dem mit Piepsstimmen und pathetischen Gesten um Argumente gerungen wird.

Grandville hat vieles ausprobiert. Scharenweise werden menschliche Individuen, Gruppen und Institutionen in ihrer Einfältigkeit, Beschränktheit und Bösartigkeit karikiert. Und oft genug hat er auch Tiere selbst der Lächerlichkeit preisgegeben. Aber es besteht kein Zweifel, die witzigsten und griffigsten Momente entstanden immer dann, wenn Mischwesen auf den Plan traten und die Signatur der Doppelexistenz pointiert in Szene setzten. Rachsucht und Grausamkeit physiognomisch zu zeigen, ist eines, Tiere als Inkarnationen der Tücke in einen Smoking zu stecken, ein ganz anderes – ungleich Eindringlicheres. Letztlich legt man auf diese spielerisch erscheinende Weise einen Pfad in eine verschüttete transanimalische Welt. Vergleichbar mit dem allmählichen Aufbrechen der tabuisierten Zwischenzonen sexueller Identitäten sind wir bei Grandville im Begriff, die Welt der eindeutigen Zuschreibungen und Abgrenzungen zwischen den Spezies zu durchbrechen und ein halb vergessenes Terrain allmählich wieder zu entdecken: ein Terrain, in dem Menschen und Tiere sich einander als wesensverwandt und gleichsam aufeinander angewiesen erkennen und wiederentdecken.

Abgrenzungen haben immer den Zweck, Machtbereiche abzustecken. So auch im Verhältnis zwischen Menschen und Tieren. Der jahrtausendealte Pakt erodierte im Verlauf der Entwicklungsgeschichte mehr und mehr. In demselben Maße wie der moderne Mensch, also das logozentrisch organisierte Konzept vom Individuum, sich durchsetzte, mussten die Götter der Unterwelt weichen. Die Antigone des Sophokles verkörpert diesen Kampf der Kulturen vielleicht am eindringlichsten. Das Gesetz der Polis kümmert sie nicht – sie sieht sich den Göttern weit mehr verpflichtet, und steht damit zugleich im Bannkreis der Tiere. Es ist nicht nur der dreiköpfige Höllenhund Cerberus, der am Tor des Hades Wache hält, viele der anderen Unterweltgottheiten stehen mit Tieren in Verbindung und tragen oft uraltes Erbe weiter: bei Grabungen unter dem Altar von Notre-Dame in Paris fand man einen Pfeiler aus gallorömischer Zeit mit dem Haupt des Gotts Cernunnos, dessen menschliches Gesicht mit kompakten Geweihstangen bestückt ist. Dennoch war das Schicksal der Tiergottheiten mit dem Ende der griechisch-römischen Ära bis in die Moderne besiegelt. Die Idee der Vermischung wurde systematisch verdrängt, alles »tierisch-animalische« wurde ausgegrenzt, kriminalisiert oder in den Bereich des Sündhaften, in die Unterwelt abgedrängt. In Umberto Ecos apokalyptischem Mittelalterkriminalroman *Der Name der Rose* finden sich Mischwesen und Tiere bereits im Pfuhl der sündhaft Verstoßenen:

> [S]ämtliche Tiere aus Satans Bestiarium waren versammelt [...]: Faune, Hermaphroditen, Bestien mit sechsfingrigen Händen, Sirenen, Zentauren, Gorgonen, Medusen, Harpyien, Erinnyen, Dracontopoden, Lindwürmer, Luchse, Parder, Chimären, Leguane, sechsbeinige Agipiden, [...] vielschwänzige Echsen, behaarte Schlangen und Salamander, Vipern, Nattern, Raben, Greife, Geier, [...] Krebse mit Sägehörnern, Leukrokuten mit Löwenkopf und Hyänenleib, Mantikoren mit drei Zahnreihen im Maul, Affen mit Hundeköpfen [...].[13]

Kurzum: Eine Schauergesellschaft aus Missgeburten und Aberrationen der Natur, der »Unterbau«, das Kellergewölbe der Schöpfung. Und dort, auf der Mülldeponie der Werte, krebsten und wimmelten sie herum, bis man – ja, wann eigentlich? – allmählich bemerkte, was man durch diese ebenso strategisch effiziente wie rabiate Blockadehaltung erwirkt hatte. Nämlich eine gewisse eindimensionale Verödung des Menschenbildes.

Abb. 6. Darwin als Affe

5. Das Jekyll-und-Hyde-Syndrom

Ob Charles Darwin mit seinem die Zeitgenossen schockierenden *Die Abstammung des Menschen* (1871) oder Mary Shelley mit ihrem modernen Prometheus *Frankenstein* (1818), sie laborierten, experimentierten alle an dieser offenen Wunde, an diesem zumindest wunden Punkt der möglichen Verwandtschaft zwischen Mensch und Tier. Die Ehefrau des Bischofs von Worcester fasste die seinerzeit prekäre Debatte prägnant zusammen: »Abgestammt von den Affen! Lass uns hoffen, dass es nicht wahr ist, aber falls doch, lass uns beten, dass es nicht allgemein bekannt wird.«

Im Juni 1860 kam es an der Universität Oxford bei einer erregten Debatte zwischen Anhängern und Gegnern des Evolutionsgedankens (vertreten durch den Bischof von Oxford) beinahe zu Tätlichkeiten. Es war erstaunlicherweise nicht die Theologie oder die Philosophie, die an den gedanklichen Dämmen zu nagen begann – es waren die Naturwissenschaften, die systematisch und insistent damit anfingen, den bis dahin unumstößlichen Grenzwall zwischen tierischen und menschlichen Existenzformen zu untergraben.

Das vielleicht markanteste Beispiel für diese Bewegung ist *Der seltsame Fall des Dr. Jekyll und Mr. Hyde*, eine Novelle des schottischen Schriftstellers Robert Louis Stevenson von 1886. Die Geschichte wurde so oft verfilmt und bearbeitet, dass sie Teil des kollektiven Gedächtnisses geworden ist und man kaum mehr ein Wort darüber zu verlieren braucht. Ist das wirklich so? Ein wahnsinniger Professor, der vorsätzlich die Grenzen überschreitet und sich auf ein Experiment mit der Unterwelt der Gefühle einlässt – Frankenstein lässt grüßen.

Dass die Vermischung mit Tieren ausgerechnet über die Wissenschaft wieder ins Spiel kommt, ist alles andere als selbstverständlich, war doch gerade sie es, die ursprünglich am Aufbau der Mensch-Tier-Schranke maßgeblich beteiligt war, bevor Darwin auf den Plan trat und gegen enorme Widerstände einen gewaltigen Prozess des Umdenkens einleitete. Der Mensch als Zufallsprodukt innerhalb eines willkürlichen Evolutionsprozesses, der sich ausschließlich um den Erfolg, um das Überleben einer Gattung kümmert – das widersprach sowohl den fundamentalen Anschauungen der kirchlichen wie der staatlichen Institutionen. Zumal damit ein gleitender Übergang vom Tier zum Menschen ins Spiel kam, der ein Affront gegen ein Europa darstellte, das zu dieser Zeit von der Dominanz und Überlegenheit der menschlichen »Rasse«, insbesondere der weißen Rasse, überzeugt war.

Für den weißen Europäer war Affennähe nichts anderes als eine peinliche Zumutung. Hier entdeckte man die Zuschreibung einer Verwandtschaft, die man entsetzt von sich wies, um die Illusion des unbefleckten Bildes von sich selbst aufrechterhalten zu können. Allein der Hinweis auf die Möglichkeit einer Nähe, gar einer Vermischung, war Tabu. Demjenigen, der an diesem Tabu rührte, drohte gesellschaftliche Ächtung – noch nicht einmal die etablierte Forschung traute sich an diese Fragen heran: nur Außenseiter des Betriebs konnten verdeckt an dieser Zone operieren – letztlich um vorzuführen, dass all diese Versuche, gottgegebene Grenzen zu überschreiten, in die Irre führen.

Seit geraumer Zeit aber arbeitet man sich exakt entlang dieser Grenze vor. In den Laboren der Fantasie gehen Kreationen neuer Mischwesen in Produktion und Reproduktion: Kunstwesen wie Frankensteins Monster und Doppelexistenzen wie Jekyll und Hyde sind die neuen Protagonisten, auf die sich der Ehrgeiz der Forscher konzentriert. Doch die Illusion der Dominanz entgleitet den menschlichen Konstrukteuren ebenso rasch, wie sie entstand: Die erschaffenen Kreaturen entfalten ein Eigenleben, das sie der

Kontrolle durch ihre Schöpfer entzieht und alle Hoffnungen ad absurdum führt.

Vorbei sind die Zeiten einer schönen Lau, eines geheimnisvollen natürlichen Mischwesens, das sich in der Erzählung Eduard Mörikes artig in die Familienidylle integriert, ihre fremde Haut fast abstreift und handzahm wird. Mittlerweile sind diese Hoffnungen weitgehend zerstreut und aus psychologisch interessanten Doppelwesen, Trägern eines Mysteriums, werden biologische Zeitbomben. Vorbei die abenteuerliche, magische Zeit der Phantasmagorien, die uns seit Urzeiten begleitete?

Wir glauben, wir hätten sie überwunden und weit weg von uns geschoben. Doch die Idee der *Transformed animals* begleitet uns unaufhörlich. In Ländern wie Kamerun etwa treten noch immer Medizinmänner und Wahrsager mit Tiermasken in Aktion. Nicht als vermummte Fantasiefiguren, sondern in Gestalt real existierender Mischwesen, die Bestrafungen durchführen und die Wünsche der Ahnen befolgen. Keine Gewalttäter, sondern Boten einer spirituellen Gerechtigkeit. Die von den Ahnen geschaffenen und durch Blutopfer und Rituale geweihten Masken verleihen gewaltige Kräfte. Verschiedene Masken sind so gefährlich, dass jeder Kontakt mit ihnen tödlich enden kann. Nicht zuletzt deshalb finden die Zeremonien und Versammlungen ausschließlich nachts und völlig abgeschlossen statt. Wenn die Rituale in kriegerischen Zusammenhängen stattfinden, führen sie zur Steigerung des eigenen Mutes sowie zur Lähmung der Feinde. Die Potenzierung der Kräfte durch die temporäre und streng kontrollierte Verwandlung in ein Tier beinhaltet einen enormen Abschreckungsfaktor und schürt in Verbindung mit dem Odium der Geheimhaltung enorme Ängste. Wie der Ethnologe Hans Joachim Koloß in seiner Studie zu *Göttern und Ahnen, Hexen und Medizin* bei den Oku im Kameruner Grasland betont, ist dieser sehr spezielle Weg mit Konflikten umzugehen auch für Europäer von Interesse. Die Machtausübung erfolgt etwa bei den Tikar im Geheimen. Oft nur angedeutet und in Drohungen verkleidet, gerade dadurch aber auch in besonderem Maße abschreckend. Der Gesetzesanspruch wird so durch eine ungreifbare, starke Macht bekräftigt. Oder wie ein Notabler aus Oku es ausdrückte: »If we all look. Power no be.«[14]

Es ist aufschlussreich, dass Aufgaben dieser Art an Figuren delegiert werden, die sich an der Schnittstelle zwischen Tier und Mensch befinden. Ganz so, als ob sie Repräsentanten einer anderen, etwas höheren und zugleich rigideren Form der Ordnung wären.

Im westlichen, europäischen Kulturkreis scheinen Vorstellungen dieser Art längst überwunden oder verdrängt. Wenn sie sich nicht wieder und wieder Bahn brächen und subkulturell periodisch an die Oberfläche drängten: Die Beispiele sind Legion. US-Studierende bilden als *Transformed animals* regelrechte Rudel und schikanieren unliebsame Kommilitonen. Martialisch kostümierte, tiermenschliche »Perchten« verbreiten im bayrischen und alemannischen Fasching Angst und schrecken bisweilen auch nicht vor Gewalt zurück. In der Spielzeug, Spiel- und Comicwelt sind magische Mischwesen als dominante Ordnungsstifter geradezu mehrheitsfähig und omnipräsent.

Für Dr. Jekyll, einen eher zurückhaltenden Genossen seiner Zunft, steht der reine Erkenntniswille im Vordergrund: er nimmt die Metapher der *bête humaine* wörtlich und versucht, dem Geheimnis der menschlichen Doppelnatur mit allen Mitteln und unter Einsatz des eigenen Lebens auf die Spur zu kommen. Ein Selbstversuch soll die Entscheidung bringen.

Es geht um nichts Geringeres als um den Nachweis, dass »der Mensch in Wahrheit nicht eins, sondern wahrlich zwei ist«, mithin das ganze Gemeinwesen alles andere als ein nach Ständen und Klassen geordnetes Ganzes darstellt, sondern eine Ansammlung »diverser, inkongruenter und unabhängiger Existenzen«.[15] Das erklärte Ziel des Moralisten Dr. Jekyll ist das einer rigiden Trennung, einer strategischen Segregation der menschlichen von den tierischen Komponenten, die im Homo sapiens vermischt sind. »Ich sagte mir, daß, falls es gelänge, jede dieser beiden Naturen in gesonderte Persönlichkeiten zu verpflanzen, das Leben von all dem, was jetzt unerträglich war, befreit sein würde.«[16]

Wie wir wissen, wird diese Probe aufs Exempel in die Katastrophe führen. Statt zu einer bereinigenden Trennung der beiden Seelen, die in seiner Brust wohnen, wird es zu einem mörderischen Gegeneinander der »guten« und »bösen« Persönlichkeiten in ihm kommen, zu einer Aufsplitterung in zwei Antagonisten, die sich vehement bekämpfen, oder zumindest ein böswilliges Spiel mit- und gegeneinander betreiben. Weit davon entfernt, sich nach Verabreichung einer geheimnisvollen Mixtur oder Droge in ein Tier zu verwandeln, mutiert Jekyll zu einem Wesen, das zu beschreiben dem Erzähler nicht leichtfällt. Bleich, gnomenhaft, verwachsen, mit rauer, flüsternder, nahezu gebrochen wirkender Stimme. Ein ebenso verkümmertes wie unverschämtes, boshaftes, allenfalls menschenähnliches Geschöpf. Gerade so menschenähnlich, dass es seine Untaten und Verbrechen öffentlich begehen kann.

Das Laboratorium des Dr. Jekyll gebiert ein veritables Monster ohne Skrupel und Gewissen, das ihm keine Chance auf Kontrolle lässt, und mehr noch: das unter dem Namen »Hyde« ein abgespaltener Teil seiner selbst ist. Die manchmal affenartig anmutende Mixtur mit ihren behaarten Händen, verkrümmtem Körper und bösartigem Gemüt ist der freigesetzte, bislang verdrängte oder kulturell sublimierte Spiegel seiner eigenen Innenwelt. Auch wenn das Begriffsfeld des Tierischen nur implizit angesprochen wird, so erscheint der Bereich des »Bösen« im Menschen unwillkürlich immer wieder animalisch und triebhaft grundiert.

Und im Grunde tritt Jekyll mit der möglicherweise gutgemeinten, aber letztlich desaströsen Absicht der Entmischung des genuin Zusammengehörigen auf den Plan. Statt zu akzeptieren, dass der Mensch biologisch wie auch sozial ein Mischwesen darstellt, unternimmt er den zum Scheitern verurteilten Versuch einer Trennung der Komponenten, einer Aufspaltung in zwei voneinander separierte Lebewesen – einen Plus- und einen Minuspol.

Mehr noch: Eine zweite fatale Prämisse innerhalb dieser Versuchsanordnung markiert eine der beiden Figuren als höhergestellt, die andere als minderwertig. All dies geschieht unter der Annahme, dass der intellektuell und moralisch sich überlegen wähnende Jekyll den vermeintlich unterlegenen Hyde bewusst aus dem Käfig des Ich entspringen und ungebremst in die freie Wildbahn der Gesellschaft entkommen lässt. Wie ein Zoowärter, der die Gehege der wilden Bestien nicht nachlässig, sondern vorsätzlich öffnet – um dann erstaunt zu sein, dass die Befreiung nach hinten losgeht.

Das erinnert an Mary Shelleys *Frankenstein*. Das künstlich hergestellte Wesen, weder Tier noch Mensch, zu keiner Spezies zugehörig, ohne Namen, ohne genetische Herkunft, wurde von Dr. Frankenstein einfach freigesetzt, in die Welt gestoßen und schließlich verlassen. Das Resultat ist eine schreckenserregende Spukgestalt, hilflos, verzweifelt, gewalttätig, unschuldig zugleich.

Hyde hingegen ist nur eine Abspaltung, ein anderer, zugegeben denkbar andersartiger Aggregatzustand ein und derselben Person. Der banale Satz von den »zwei Seelen in einer Brust« ist hier aufs Perfideste materialisiert. Freilich nicht einfach in Form eines simplen Doppelgängermotivs oder einer spukhaften Verwandlung. Es handelt sich vielmehr um einen endogenen Schöpfungsvorgang, bei dem sich ein unsichtbarer, bislang kaum wahrgenommener Teil der Persönlichkeit ablöst und dominant in Erscheinung tritt. Ganz im Gegensatz zu Frankensteins Monster, das keinen Ort in der Gesellschaft findet, nimmt sich Hyde rabiat sein Recht auf seine Identität. Alles bislang verdeckte, triebhafte, skrupellos-egoistische bricht sich – zum Teil unterstützt durch den Chemiker des Identitätswandels – Bahn und bringt den Wissenschaftler in extreme Schwierigkeiten. Der dezent tierisch konnotierte Klon Hyde wird sich selbst wie auch seinem Hersteller zum Verhängnis. Transgenetisches Experiment oder Identitätskernspaltung unter Laborbedingungen? Die freigesetzten Identitätshälften hassen, verachten und bekämpfen einander bis aufs Blut und dem neutralen Berichterstatter und Freund bleibt nur die Rolle des hilflosen Beobachters zwischen den Fronten.

Der enorme Erfolg der bewusst in Andeutungen und Unschärfen schwelgenden Erzählung zeigt, dass es dem Verfasser gelungen ist, einen wunden Punkt in der Geschichte der menschlichen Vermischungs- und Trennungsbemühungen zu treffen. Dass das Tier unter die Räder einer fatalen Zuschreibung geraten ist, kümmert dabei kaum jemanden. Es endet durch diesen für alle fatal endenden Abspaltungsversuch an unterster Stelle der kulturellen Hierarchie. Wie ein Vampir oder ein Alien angeschoben in die dunkelste Ecke der Existenz – als gesellschaftliche Gefährdung eingestuft und kriminalisiert.

Kaum einer der vielen Verfilmungen konnte der Versuchung widerstehen, den im Buch nur angedeuteten Vorgang der Verwandlung nicht drastisch zu vergröbern – sei es durch das Sprießen der Haare, die sich zum Fell verdichten, sei es durch Knurrlaute oder andere körperliche Anomalien – und so die animalischen Assoziationen zu bedienen. Sie ist ja auch zu schön, die Vorstellung, einen unerwünschten, antizivilisatorischen Teil unserer selbst herausstanzen zu können. Freilich hat man falsch kalkuliert und es wird schnell klar: »Wir« sind den durch uns selbst freigesetzten Energien nicht gewachsen.

Denn das, was wir herauspräparieren, entfaltet vehementes Eigenleben. Ein wildes Tier, das uns kräftemäßig wie auch hinsichtlich seines rabiaten Überlebenswillens überlegen ist. Unzähmbar und unbezähmbar.

Eine ganze Bibliothek der Gruselliteratur lebt von eben dieser Idee, wobei den Fantasien kaum Grenzen gesetzt sind. Von der Romantik über den Realismus bis hin zur Moderne reicht der Bogen des unterschwelligen Daseins des »Tiers« im Menschen. Der Stoff lebte und wuchs weiter, bis in die Gegenwart. Es folgten große Science-Fiction-Narrationen und deren Filmversionen.

Und selbst auf dem *Friedhof der Kuscheltiere* von Stephen King tritt noch keine Ruhe ein. Im Gegenteil, der umfangreiche Roman kulminiert in einer monströsen Todesorgie mit halb menschlichen, halb tierischen Akteuren. Das idyllische ländliche Leben eines Hochschulprofessors verwandelt sich in einen veritablen Horrortrip. Zunächst ist der kuriose »HAUSTIER-

FRITOF« in der Nähe eher ein verschrobenes Kuriosum. Doch nachdem der dort beerdigte Kater Church ganz selbstverständlich zurückkehrt, so als sei nie etwas vorgefallen, beginnt sich das Kräftespiel zu drehen und die Bewohner der kleinen Ansiedlung geraten mehr und mehr in den Bannkreis dieser magischen Begräbnisstätte, symptomatischerweise auf ehemaligem Indigenengebiet. Es scheint, als ob jedes Lebewesen, das dort beigesetzt wird, eine Art Wiederauferstehung erlebt – wenngleich unter veränderten Vorzeichen. Gleich ob Tier oder Mensch, alle kommen als Zombies zurück, mit toten Augen und voll von animalischer Grausamkeit. Auch die bislang zivilisierte Akademikerfamilie wird mehr und mehr zu einem archaischen Clan. Der Professor scharrt mit blutigen Händen den eigenen Sohn aus der Erde des regulären Friedhofs und bettet ihn um auf den Friedhof der Tiere, der schließlich eine Wiederauferstehung zu garantieren scheint. Das bestialische Wesen, das daraufhin wieder ins Haus zurückkehrt, hat dann kaum mehr etwas mit dem Kind, das der Vater begrub, zu tun. Er ist – der ganze Kuscheltierfriedhof spricht dieselbe Sprache – zu einer monströsen Gestalt zwischen Zombie und Raubtier geworden: blutgierig, grausam, skrupellos.

Wieder sind wir an einer entsprechenden Grenzlinie, in einer Schattenzone gelandet. Mischwesen der unterschiedlichsten Art treten in Erscheinung, der Wald der amerikanischen Indigenen bevölkert sich mit unheimlichen Schattenwesen: monströse amorphe Gestalten mit Widderhörnern, Reptilien, zu gigantischer Höhe aufgerichtet, mit rissiger Haut, ein Wesen, das aussah wie »eine von einer Frau geborene Echse«. Dann wieder bucklige, verwachsene, verkrümmte Gnome mit giftscharfen Raubtierzähnen. Es ist, als ob sich die Erde auftun würde, und alles hervorbräche, was im zivilen Leben bislang streng versiegelt war. So als ob die alten Götter der Unterwelt sich durch die unterschiedlichsten Mutationen Einlass in das moderne, aufgeklärte Leben verschaffen würden:

> Oh, Jesus. Nein, nicht Jesus. Diese Überreste waren Sühneopfer für einen viel älteren Gott als den der Christen. Die Menschen haben ihm immer wieder andere Namen gegeben, aber der angemessenste war vielleicht [...]. Der Große und Schreckliche Oz, der Gott der toten Dinge, die man dem Boden anvertraut, der Gott faulender Blumen in Entwässerungsgräben, der Gott der Geheimnisse.[17]

Auch hier werden die Grenzen der rational geordneten, normierten Welt durchbrochen und die unterirdischen Bedrohungen ins Dämonische gesteigert. Am Ende hilft nur die tödliche Giftspritze, um den eigenen zum Zombie gewordenen Sohn mit seinen leeren Augen, seinem lieblos zusammengestückelten Körper ein zweites Mal zu töten, und die Gefahr zu bannen.

Eine derartig monströs von Mischwesen dominierte Front des Bösen erscheint geradezu unwirklich und erinnert eher an Gruselcomics. Aber wir sollten nicht den Fehler begehen, dieses Phänomen ein weiteres Mal durch eine Zuschreibung als marginal und trivial abzudrängen, zu verbannen und zu isolieren. Dazu ist es einfach zu wichtig, dazu brennt es uns zu sehr auf der Seele. Der millionenfache Riesenerfolg des Romans wie auch des Films zeigen, dass wir uns nicht gerade auf dem Terrain eines Minderheitenprogramms bewegen, sondern auf einen zentralen Bereich menschlichen Selbstverständnisses gestoßen sind.

Wenn Kinder mit Tiermasken durch einen verhexten Wald streifen, mutet dies auf den ersten Blick wie ein harmloses Spiel an. Doch es ist weit mehr als das – es ist der Versuch einer Beschwörung. Und diejenigen, die den Wald verlassen und von den Toten wiederauferstehen, sind gravierend verändert. In der Schattenzone eines aus der Zeit gefallenen Schamanismus scheinen Tiere wie Menschen zu ihrer wahren Natur zurückzukehren, oder genauer: wieder auf einen vergessenen, verdrängten Teil ihrer Persönlichkeit gestoßen zu werden. Kings grausamer, lemurenhafter Kater und Kafkas Käfer mit seiner Innenseite aus Menschenhirn scheinen auf eine geheimnisvolle Weise Artverwandte zu sein. Unheimliche, zutiefst beunruhigende Mutationen, die unsere Gefühle vollständig besetzen und die wir nach kurzer Kontaktaufnahme gnadenlos von uns weisen. Das hybride Ding, dieses »Es« muss weg, wie es bei Kafka in der *Verwandlung* heißt. Um des Erhalts und der Gesundung der Familie willen wird Gregor entsorgt – und die Familie lebt spürbar auf.

Auch bei King wird das fremdgewordene Familienmitglied gnadenlos eliminiert. Die Rückkehr der »Kuscheltiere« findet nicht statt, wird jäh unterbrochen, obwohl wir Ihren Atem spüren, ihr Blut riechen können. Diese eigentümliche, halb fantastische, halb autosuggestive Begegnung war allem Anschein nach nur eine schauerliche Momentaufnahme, eine experimentelle Versuchsanordnung, um der Spur in die Unterwelt der Seele nachzugehen – zumindest ein Stück weit. Gerade so, dass wir den Werwölfen und Vampiren in uns näherkommen und sie nicht gleich ins Reich der Spukgestalten abschieben.

6. Der kleine Prinz und sein Fuchs: Zähmungsversuche und Verwandlungen

Es ist ein Buch, das jeder kennt: *Der kleine Prinz* von Antoine de Saint-Exupéry. Wieder ein Werk, das nicht einfach nur den Nerv seiner Zeit getroffen hat, sondern darüber hinaus zum Vermittler einer offenbar universalen Botschaft wurde. Mehr als 100 Millionen verkaufter Exemplare in über 110 Sprachen belegen dies eindringlich.

Es erzählt die Geschichte eines kleinen Jungen, den es von einem entfernten Zwergplaneten irgendwo im All auf die Erde verschlägt, eine Welt, die ihm vollständig fremd ist, und die er sich anschickt zu erkunden. Es ist ein kritischer Moment, in dem all seine Illusionen zerbrechen und er sich weinend, enttäuscht und ängstlich auf den Boden wirft. In diesem entscheidenden Augenblick kommt es zu einer Begegnung der besonderen Art – ein Schlüsselmoment der Geschichte. Fuchs und Prinz, die sich wie selbstverständlich miteinander unterhalten, kommen sich zögerlich näher und es ist der Fuchs, der das zentrale Argument einbringt. Mensch und Tier, so der Fuchs, kommen einander durch einen besonderen Akt näher, den der Zähmung: Es geht darum, »jemanden zu zähmen«, denn: »[...] wenn du mich zähmen würdest, wären wir aufeinander angewiesen. Dann wärst du der Einzige für mich auf der ganzen Welt, und umgekehrt ...«[18]

Nicht der Mensch, sondern das »Tier« entwickelt im Weiteren eine frappierende Philosophie der Zähmung, die einige sehr überraschende Momente enthält. Das vielleicht wesentlichste: Die Zähmung schwächt nicht etwa die Intensität der tierischen Existenz. Aus der Sicht des Fuchses steigert der verbindende Prozess der Zähmung sogar das individuelle Lebensgefühl. »[W]enn du mich zähmen würdest, käme mehr Licht in mein Leben«,[19] sagt er und skizziert eine Art Doppelleben, in dem zwei unterschiedliche Lebewesen in eine intensive Beziehung zueinander geraten. Der Partner löst sich aus der Schar der anderen, wird zu etwas Besonderem, zu einem Individuum.

»Nur indem man die Welt zähmt, kann man sie entdecken«,[20] postuliert der kluge Fuchs, und beschreibt diesen Prozess, der von festen Regeln und Ritualen abhängt, sehr konkret. Man achtet und wartet aufeinander, bindet sich an den andern, wird ein Teil des anderen. Zähmung bedeutet hier eine volle Fokussierung auf den jeweiligen Partner, so weit, dass man ihm blind vertraut und gleichsam zu seinem anderen Ich wird. Für einen Moment – im *Kleinen Prinzen* kommt der Vorgang der Zähmung nur ansatzweise in Gang – gelingt eine Art existenzieller Verdoppelung. Keine Gleichschaltung. Zwei ganz unterschiedliche Lebensformen synchronisieren sich gleichsam auf Zeit, ohne sich zu verwandeln oder miteinander zu verschmelzen. Kein eigentliches Mischwesen im engeren Sinn, aber doch ein intensives Aneinandergeraten, ein angedeutetes Verschmelzen zweier ganz verschiedener Arten, die sich so von der Herde absondern und zu Unikaten werden.

Es tut gut, sich dieses Modells zu erinnern, um zu verstehen, weshalb das Prinzip der Zähmung uns bis heute derartig nachhaltig beschäftigt, dass es sogar bis in die Welt der Computerspiele eindringt. Gleich ob *Assassin's Creed*, *Fortnite* oder *Minecraft* – stets findet sich die Option, Tiere nicht nur zu töten, sondern sie zu zähmen und so zu Mitkämpfern gegen Feinde umzuerziehen. Dazu genügt nicht nur ein Happen Fleisch. Wer das Vertrauen der Tiere gewinnen will, muss Zeit und Geduld investieren. Der erklärte Zweck: eine Art Umgestaltung des tierischen Verhaltensrepertoires, damit es zum Werkzeug des Menschen werden kann. Deshalb ist es nahezu selbstverständlich, dass die Vermutungen über die tierischen Wünsche und Bedürfnisse ausschließlich Projektionen zu sein scheinen. Es sind menschliche Sehnsüchte und Erwartungen, die gleichsam in Tiergestalten übertragen werden, um dann von ihnen Besitz zu ergreifen. Eine faszinierende Form der Wechselwirksamkeit.

Es ist ein Spiel, das nur selten mit solch partnerschaftlichem Grundgestus wie im *Kleinen Prinzen* ausgetragen wird. Meistens geht es bei Zähmungen oder Zähmungsversuchen um Macht und Dominanz. So wie in Shakespeares *Sturm*, wo die europäischen Invasoren sich fremder, exotischer Territorien bemächtigen und die dort lebenden »Eingeborenen« reflexartig »zähmen«. Man nennt dieses Spiel »Monster Taming«. So einer der Wortführer, der sich über Caliban, den Bewohner der Bermudas, hermacht:

> Was haben wir hier – Mensch oder Fisch, tot oder lebendig? Ein Fisch; er riecht wie ein Fisch, ein sehr alter und fischiger Geruch: so eine Art von nicht ganz frischem Stockfisch. Ein komischer Fisch! Wäre ich jetzt in England […], so würde ich durch dieses Monstrum zum gemachten Mann; jede fremdartige Bestie stellt da ihren Mann. Nicht einen Heller geben sie einem lahmen Bettler als Almosen, bezahlen aber zehn, um einen toten Indianer zu sehen. – Beine wie ein Mensch! Und seine Flossen scheinen Arme zu sein! Und warm, bei meiner Seele! Ich lasse meine Meinung fahren; ich halte nicht mehr daran fest: Dies

ist kein Fisch, sondern ein Eingeborener, der kürzlich vom Blitzschlag getroffen wurde.[21]

Mensch oder Fisch, Exotikum, Schaustück, Bestie: Das System der Vermarktung lässt Caliban keine Chance. Selbst wenn er aussähe wie Apollo, erhielte er keine Chance. Man spielt mit dem »Monster«, »zähmt« ihn, verhöhnt ihn, und er macht – sich anbiedernd – mit beim grausamen Spiel, das den Namen »Kolonisierung« trägt. Subjekt, Sklave, Monsieur, Monster, *man-monster* – die Palette der Beschimpfungen, Demütigungen, des Sich-Antragens, Klüngelns und Paktierens unter falschen Vorzeichen ist breit und wird von allen Beteiligten so lange virtuos bespielt, bis sich die angestaute Aggression in Terror entlädt: »Zertrümmere ihm den Schädel mit einem Holzscheit, stoß ihm einen Pfahl in den Bauch, oder schneide ihm mit deinem Messer die Kehle durch. Denk aber daran, dir erst seine Bücher zu holen; denn ohne sie ist er ein Dummkopf.«[22]

Das »Ungeheuer« erniedrigt sich taktierend vor dem »Untermenschen« und karikiert die europäische Hierarchie, um die Herrschaftssysteme aufzubrechen. »Hohe Herren« und das »arme Ungeheuer« – das Monster ist in diesem Streit um Vorherrschaft auf allen Ebenen jedoch nicht nur Objekt, sondern auch Beteiligter. Als »einfältiges«, »betrübtes«, »leichtgläubiges«,

»mopsköpfiges«, »lausiges«, »abscheuliches Ungeheuer«[23] findet sich Caliban, der einheimische Inselbewohner, von den Fremden, die auf der Insel gestrandet sind, tituliert. Als lausiges, abscheuliches Ungeheuer diskreditiert, wird das für die Gestrandeten unbekannte Wesen von Beginn an ausgegrenzt beziehungsweise auf eine sehr enge Rolle festgelegt. Das Paradox: Die – ziemlich debilen – Gestrandeten machen sich zu Herren der Terra incognita, und der Einheimische mutiert zum »Fremden«. Nicht die Neuankömmlinge, die Alteingesessenen müssen sich anpassen. Das europäische Herrschaftssystem verfügt über eine weit schärfere Waffe als Schwerter: Wörter und Bücher, Schrift und Begriffe erweisen sich als wirksamste Mittel der Unterwerfung und Kolonisierung. Prospero, der neue Herr der Insel, lässt keinen Zweifel an den Machtverhältnissen: Der Inselbewohner Caliban wird gebraucht – als Arbeitskraft. Der humanistisch-koloniale Protagonist bestimmt die Regeln, setzt die Normen – und Caliban hat keine Chance. Überrollt von Begriffen, definiert mittels der Sprache des Kolonialisten, bleibt ihm nur der Versuch einer von vornherein zum Scheitern verurteilten Revolte. Shakespeare lässt keinen Zweifel an der Effizienz dieser kompromisslosen Reduktionsstrategie.

Kaum ein Wort über Caliban, was wir nicht von seinen »Besitzern« wüssten. Untermensch,

Spottgeburt, Tier – die Herrschaftsperspektive der westlichen Kultur blendet jedes menschliche Potenzial gezielt aus. Die Mutter eine algerische Hexe, ihr Sohn ein versierter Vergewaltiger – Klischees, deren Spätfolgen bis in die Gegenwart wirken, werden aktiviert. Shakespeare zeigt, wie Britannia und ganz Europa Individualität vernichtet. Selbsternannte Halbgötter hier und kretinöse »Spottgeburten aus Dreck und Feuer« dort. Die primitivsten Klischees scheinen die wirksamsten zu sein und Generationen von Shakespeare-Exegeten und -Interpreten gehen dem Text auf den Leim und lassen jedes Mal aufs Neue ein lallendes, dunkles Monster über die Bühne torkeln. Noch dem postmodern inspirierten Peter Greenaway fällt in seiner hochaufgeladenen Intertextualitätsorgie *Prospero's Books* nichts Besseres ein, als Caliban als teuflischen nackten Wassergeist seine »Triebhaftigkeit« wortarm röchelnd demonstrieren zu lassen. Nur einmal gibt es mitten unter Demütigungen ein paar Zeilen, die Caliban als normales, sogar anrührendes menschliches Wesen zeigen.

Am Ende der 24-stündigen Stippvisite in der Neuen Welt ziehen die erfolgreichen Dompteure ohne eine Spur von schlechtem Gewissen weiter – zurück bleibt ein gedemütigtes »Monster«, das nur schwerlich die Chance haben wird, in ein menschenwürdiges Dasein zurückzufinden. Einmal mehr wurde ein Abspaltungsprozess exekutiert. Die Welt des vermeintlich Tierischen und der wirklichen Menschen wurde einmal mehr rasiermesserscharf voneinander separiert und das vertraute, bewährte Ordnungssystem wiederhergestellt. Ein Verfahren, das sich während des gesamten Kolonisationsprozesses durch den Westen als probates Mittel erwiesen hat. Kaum ein Bericht der Forschungsreisenden und Eroberer, der die indigene Bevölkerung nicht als Mischwesen zwischen Mensch und Tier beschrieben hätte. Nach einer solchen Scheidung gibt es im Wesentlichen zwei Wege: Einerseits den der Bezähmung, Missionierung und Unterwerfung; und andererseits den der Assimilation und Integration.

Das Prinzip des »Monster Taming« kann im Übrigen auch jederzeit auf interhumane Konstellationen übertragen werden – man braucht nur an Shakespeares *Der Widerspenstigen Zähmung* zu denken. Dort geht es nicht darum, ein Tier zu domestizieren, sondern einen Menschen – wenngleich eine Frau. Ihr späterer Mann Petruchio versucht nicht nur, Kate andere Manieren beizubringen, sondern ihre Wahrnehmung zu bestimmen.

Und tatsächlich kommt kaum ein Wortwechsel zwischen Kate und Petruchio ohne einen Vergleich aus dem Tierreich aus. Ob Eselin oder Stute, Henne oder Fisch – stets wird die weibliche Protagonistin in die Nähe tierhafter Erscheinungen gerückt. Mit jedem weiteren dieser Vergleiche wird sie zunehmend marginalisiert, abgedrängt – ein Prinzip, das sich in die Moderne fortzieht.

Auch in Ibsens *Nora* wird die Protagonistin durchgängig als Vögelchen, Eichhörnchen zwitscherndes Etwas bezeichnet. Gewichtiger, wenngleich damit eng verbunden, ist der Akt der Dressur, der Umkehrung, der Inversion der sinnlichen Wahrnehmung. Shakespeares Petruchio geht so weit, Kate in eine andere Wirklichkeit zu versetzen: Sonne ist Mond, wenn er es will, wird der Mond Sonne. Ein Kabinettstück der Manipulation:

Petruchio	Mein Gott, wie hell und freundlich scheint der Mond! –
Katharina	Der Mond? Die Sonne! Jetzt scheint ja nicht der Mond! –
Petruchio	Ich sag', es ist der Mond, der scheint so hell.
Katharina	Ich weiß gewiß, die Sonne scheint so hell.
Petruchio	Stets Widerspruch! Und nichts als Widerspruch! – Ich sag', es ist der Mond.
Katharina	Natürlich ist's der Mond.
Petruchio	Ei, wie du lügst! 's ist ja die liebe Sonne! –
Katharina	Ja, lieber Gott! Es ist die liebe Sonne! –[24]

Das schändliche Verfahren der Verdrehung der Sinne und des Kopfes unter nahezu wohlwollender, leicht belustigter Teilnahme der Öffentlichkeit – die den Sieger in diesem makabren Zähmungsakt auch noch feiert.

Dann doch lieber Marc-Uwe Klings *Känguru-Chroniken*, wo die Rollen witzig vertauscht werden und das Tier den Menschen auf seine Bedürfnisse hin zurichtet und domestiziert.

7. Menschen, Affen, Menschenaffen: allerbeste Freunde oder trügerische Ähnlichkeit?

Unter allen Kreuzungen ist die zwischen Menschen und Affen die frappierendste und schockierendste. Tausendfach spiegelt sich vor jedem Affenhaus im Zoo der ausgesprochene oder auch unausgesprochen bleibende Eindruck der unglaublichen Ähnlichkeit des Verhaltens der Gesten wider. Getrennt durch Gitterstäbe: Welten. Hominiden sind alle beide – Homo sapiens wie Affen sind Teil einer Familie, der »Hominidae«. Lange Zeit vehement umstritten und als undenkbar heftigst abgelehnt, kommt man in jüngerer Zeit nicht umhin, sich mit der Möglichkeit gleitender Übergänge auseinanderzusetzen. Hochwissenschaftlich und aufgrund gentechnologischer Erkenntnisse oder, naturgemäß sehr viel früher, auf literarischem Wege.

Ich darf noch einmal auf Kafka zurückkommen, noch einmal auf seinen *Bericht vor einer Akademie*. Der Affe berichtet vom Vollbesitz seines »Menschentums«, das ihm nicht biologisch geschenkt, sondern von ihm selbst durch hartes Training regelrecht erarbeitet wurde:

> Nahezu fünf Jahre trennen mich vom Affentum, eine Zeit, kurz vielleicht am Kalender gemessen, unendlich lang aber durchzugaloppieren, so wie ich es getan habe, streckenweise begleitet von vortrefflichen Menschen, Ratschlägen, Beifall und Orchestralmusik, aber im Grunde allein [...]. Diese Leistung wäre unmöglich gewesen, wenn ich eigensinnig hätte an meinem Ursprung, an den Erinnerungen der Jugend festhalten wollen. Gerade Verzicht auf jeden Eigensinn war das oberste Gebot, das ich mir auferlegt hatte; ich, freier Affe, fügte mich diesem Joch.[25]

Ganz so frei wie behauptet war der Entschluss, das »biologische Affentum« hinter sich zu lassen dann aber doch nicht. Von Jägern angeschossen und eingefangen drohte ihm das Schicksal lebenslanger Käfighaltung und an die Gitterwände gedrückt dahinzuvegetieren. Vor diese Wahl gestellt, trifft der Affe einen folgenreichen Entschluss: Sich in einen Menschen zu verwandeln. Natürlich nicht vollständig und im biologischen Sinn, jedoch durch weitmögliche Nachahmung. So weit, dass er sich nach einigen Jahren kaum mehr an sein früheres Leben erinnern kann und nur mehr mit menschlichen Begriffen operiert. Mutation durch Imitation – eine Art essenzieller Umwandlung aus Notwehr, nicht mit der Absicht, den Menschen durch Nachahmung näher zu kommen, sondern als letztem Ausweg:

> Als ich in Hamburg dem ersten Dresseur übergeben wurde, erkannte ich bald die zwei Möglichkeiten, die mir offenstanden: Zoologischer Garten oder Varieté. Ich zögerte nicht. Ich sagte mir: setze alle Kraft an, um ins Varieté zu kommen; das ist der Ausweg; Zoologischer Garten ist nur ein neuer Gitterkäfig; kommst du in ihn, bist du verloren.[26]

Varieté heißt hartes Training. Und in der Tat trainiert der kluge Affe ab nun systematisch seine Vermenschlichung: Handschlag, Redevermögen und die Kunst Alkohol zu trinken. All dies in der Absicht, es auf die Varieté-Bühne zu schaffen und zur Sensation zu werden. Äußerlich Affe, vom Benehmen her menschenartig – das Publikum ist entzückt. Es folgen allabendliche Vorstellungen, wachsender Ruhm als äffischer Menschenimitator. Sein Resümee:

> Im ganzen habe ich jedenfalls erreicht, was ich erreichen wollte. Man sage nicht, es wäre der Mühe nicht wert gewesen. Im Übrigen

> will ich keines Menschen Urteil, ich will nur Kenntnisse verbreiten, ich berichte nur, auch Ihnen, hohe Herren von der Akademie, habe ich nur berichtet.[27]

»Klappe auf, Affe tot« könnte man in Anlehnung an den Kalauer sagen. In dem Maße, in dem er sich das »affenartige« in sich selbst abtrainiert, reüssiert das kluge Tier gesellschaftlich – zwar nur als Kuriosum – was ihm genügt. Dennoch unterscheidet er strikt zwischen Dressur und seinem aus eigenem Antrieb erwachsenen Entschluss einer mentalen Mimikry. Seine Partnerin, so wie es anklingt auch Sexualpartnerin, beschreibt er als unglückliches Opfer solch eines Dressurakts:

> Komme ich spät nachts […] nach Hause, erwartet mich eine kleine halbdressierte Schimpansin, und ich lasse es mir nach Affenart bei ihr wohlgehen. Bei Tag will ich sie nicht sehen; sie hat nämlich den Irrsinn des verwirrten dressierten Tieres im Blick; das erkenne nur ich, und ich kann es nicht ertragen.[28]

Sich selbst sieht er dieser Logik folgend weder als unglückliches Zwischenwesen noch als überzüchtetes Hybrid. Er ist, so schätzt er seine Situation ein, professionell auf zwei Seiten des Daseins zu Hause. Privat ein Tier, beruflich ein Mensch.

Eine Figur an der Kippe, obwohl er selbst sich als alles andere als labil einschätzt.

Kafkas Text stellt uns in aller Härte vor die Frage der Zuschreibung und der Zuordnung von »Identität«. Können wir zwischen Identitäten switchen und mit ihnen im wahrsten Sinn des Wortes »spielen«? Ist dieser Weg der Befreiung aus den Fesseln der Zugehörigkeit ein revolutionärer Durchbruch oder ein gefährlicher Holzweg? Der Betroffene glaubt sich auf der Siegesstrasse und ist doch nur ein Betrogener, sich selbst Betrügender. Ist er Vorbild, Idol oder Irrläufer?

In Erinnerung an Kafkas Erzählung geht die Ethnologin Heike Behrend so weit, diesem artistischen Affen aus gegebenem Anlass die Rolle ihres persönlichen Totemtiers zuzuschreiben.[29] Während ihrer Feldforschung in Afrika wurde sie von dem Stamm, bei dem sie lebte und den sie erforschte, als »Affe« gesehen und auch so bezeichnet. Sensibilisiert durch diese Zuschreibung und die damit verbundenen wechselseitigen Spiegelungen veränderte sich ihr eigenes Verhalten und sie begann, Kafkas Affen nachzuäffen. Dabei stellte sie fest, dass dabei offenbleibt, wer wen nachäfft und wer sich in welche Richtung auch immer hinauf- oder hinunterentwickelt. Die Figur des Affen ist das Resultat eines Wirbelns der Alteritäten, der bisweilen schockierenden Feststellung von Ähnlichkeiten, seltsamen

Symmetrien und – damit verbunden – wechselweisen Abstoßungsprozessen. Kaum etwas irritiert Menschen dabei mehr als die Feststellung von Ähnlichkeiten.

Wahrnehmungspsychologisch und -physiologisch sind wir darauf getrimmt, die Welt in ihre Bestandteile zu zerlegen, um sie uns dann wieder – selektiv – zusammenbauen zu können. Freilich gibt es dann auch noch den kuriosen Fall von Phänomenen, die einander »bis zum Verwechseln ähnlich sind«: siamesische Zwillinge, Doppelgänger, Klone, Mischwesen.

Sich zum Verwechseln ähnlich sein, heißt doch wohl, dass es einen schmalen Grat gibt, jenseits dessen die Ordnung der Ähnlichkeit in das Chaos der Austauschbarkeit umschlägt. Das Konzept der Ähnlichkeit figuriert offensichtlich (auch) als Instrument der Trennung. Genauso lange wie von »Ähnlichkeit« die Rede ist, ist die potenzielle Unverwechselbarkeit gesichert.

Was aber ist dann eigentlich eine »trügerische Ähnlichkeit«? Und weshalb bereitet der Begriff uns konzeptionell solches Unbehagen? Vermutlich weil sich hier eine ästhetische und eine moralisch-logische Kategorie so ungeniert – ich hätte fast gesagt: unverfroren – zusammentun und ein Urteil von beachtlicher inquisitorischer Schärfe vollstreckt wird. Ob Fallbeil oder Klebstoff – die Operation »Ähnlichkeit« gestaltet die Welt, insofern unsere Wahrnehmung Welt gestaltet. Sie regelt, was legitim als zueinander gehörig, miteinander verwandt, als scharf voneinander zu trennen, als miteinander kategorisch unvereinbar zu betrachten ist.

Nachdem sich unsere »äffische« Ethnologin langsam zur sozial integrierten »Menschin« emporgearbeitet hatte, löste sich das Bewusstsein über die halb vergessene andere Seite der Existenz keineswegs einfach auf. Auf eine gewisse, nicht ganz einfach zu greifende Weise legt sich ein Schatten dieser doppelgängerischen Zweitexistenz auf ihr Leben als weiße Frau und Wissenschaftlerin. Eine bereichernde Erweiterung ihrer Denk- und Empfindungsvermögen, eine neue Dimension des Daseins.

Auch in T. C. Boyles Roman *Sprich mit mir* wird die Übergangszone zwischen äffischen und menschlichen Hominiden akribisch ausgeleuchtet. Nicht als hündisches Haustier, auch nicht als Versuchsobjekt – Schimpanse Sam lebt mit dem Biologieprofessor und Verhaltensforscher zusammen. Er studiert und unterrichtet ihn. Lehrt ihn, über Zeichensprache zu kommunizieren, fast in der Art und Weise, wie es die Tutoren, die Kafkas Affen für ein gesellschaftlich integriertes Leben präparieren, tun. Freilich mit dem Unterschied, dass zwischen Guy und Sam, ebenso wie zwischen Sam und Aimee (einer studentischen Betreuerin) ein so enges emotionales Verhältnis entsteht, dass es unangebracht erscheint, von einem Akt der Dressur zu sprechen. Der in der Wildnis geborene kleine Schimpanse scheint sich dennoch peu à peu in ein Zwischenwesen der besonderen Art zu verwandeln. Äußerlich ganz Affe, nimmt er viele Züge an, die ihn nahezu menschlich erscheinen lassen. Unberechenbares, manchmal mutwilliges, störrisches Kind, dann wieder ängstliches Wesen – so hangelt er sich im wahrsten Sinn des Wortes durch sein merkwürdiges Leben in einer Zwischenwelt. Pizza verschlingend und Wein süffelnd, vor der Glotze Zeichentrickfilme konsumierend und – fast wie ein richtiger Mensch – zu jeder Art von Streichen und kleinen Bosheiten bereit.

Wildes Tier oder beinahe menschliches Wesen? Die Frage wird bis zum tragischen Ende dieser unvollendeten Bezähmungsgeschichte unbeantwortet bleiben. Umso beeindruckender sind die unterschiedlichen Stadien, die Sam durchläuft. Ähnlich wie sein namenloser Vetter bei Kafka wird er zu einer medialen Berühmtheit, tingelt an der Seite seines Mitbewohners durch alle einschlägigen TV-Shows und macht fast immer eine gute Figur.

Boyle wagt darüber hinaus den riskanten Versuch einer fiktiven Innenschau in das Hirn Sams. Ein MRT aus Sprache, in dem er es unternimmt, die Wahrnehmungsmechanismen des Schimpansen abzubilden. Kein Gestammel, kein gutturales Grunzen wie man vielleicht erwartet, sondern eine etwas verklumpte, ein wenig linkische, anders fokussierte Sprache, die recht nah an die des Menschen reicht, kommt in diesen Passagen zum Vorschein: Es artikuliert sich ein Individuum – ein Wesen mit Herz, Verstand, sogar »Seele«? Und doch:

> Er bemerkte, dass Sam gewachsen war, aber Sam war immer noch Sam, möglicherweise ein Genie unter den Schimpansen, aber noch immer ein Schimpanse mit den emotionalen und intellektuellen Kapazitäten eines Vierjährigen, und Guy wusste, wie man ihn manipulieren konnte.[30]

Freilich bekommt man im Verlauf der Geschichte auch zu spüren, dass Sam ebenso und mit gleicher Virtuosität imstande ist, seinen Meister und sein gesamtes Umfeld zu manipulieren und auch zu tyrannisieren. Aufeinander angewiesen und zugleich nach Autonomie strebend, ist es bei aller Vertrautheit kein wirklich harmonischer, sondern ein störungsanfälliger Pakt, der zwischen Tier und Mensch entsteht.

Auch das Sakrament der Taufe lässt Sam mehr oder weniger geduldig und gleichgültig über sich ergehen – ohne dass es ihn im Kern tangieren würde. Noch weniger verändert es ihn wesensmäßig– obwohl er dem Priester hinreichend gut, wenn auch etwas mechanisch und in Zeichensprache, erklären kann, was »Gott« ist. Im Umkehrschluss könnte man sich die Frage stellen, ob die großen menschlichen Ideen wie Gott, Liebe, Wahrheit nicht auch nur kulturell antrainierte Vorstellungen sind. So wird dieses besonders geartete Mischwesen auch zu einem Spiegel, in dem der Mensch sich neu zu sehen und zu hinterfragen lernt. Selbst auf die Gefahr hin, zu erschrecken und die allzu groß werdende Nähe rabiat von sich zu weisen, ist die verhaltensmäßige Annäherung bis zu einem gewissen Grad erwünscht, und wird sogar als amüsant und possierlich empfunden. In seinen besten Momenten erscheint Sam als unendlich süß.

Doch wenn es hart auf hart kommt, wenn es um die Frage der Macht und der Herrschaft geht, kommen hinter dem Lächeln seine Reißzähne zum Vorschein und die Affenliebe der Menschen wandelt sich in rohe Gewalt: nun heißt es »kämpfen, töten, sterben« und man kommuniziert nur mehr mit Elektroschocker und Schlagstock. Die Frage nach Tier- und Menschenrechten tritt in den Hintergrund und wir werden schlagartig in das 17. oder 18. Jahrhundert zurückgeworfen, als man Tiere noch als Maschinen oder Sachen ansah, über die man nach Belieben verfügen konnte. Käfig, Gitter, Peitsche – mit einem Mal befinden wir uns wieder auf dem hasserfüllten *Planet der Affen* – also auf der Erde.

8. Nashörner als Staatsbürger. Der Weg ins Posthumane oder »Das Humane ist überholt« (Ionesco)

Königliche Menagerien standen am Anfang. Im 17. und 18. Jahrhundert war es an vielen Fürstenhöfen üblich, sich »Exoten« zu halten. Meist Tiere aus kolonisierten Regionen, die von Seefahrern als Trophäen mitgebracht wurden. Elefanten, Nashörner, Leoparden, die man entweder in Käfigen übers Land zerrte, um sie möglichst vielen staunenden Gaffern gegen Entgelt vorzuführen – oder eben in einer der königlichen Menagerien landeten. Manche von ihnen wie das Nashorn »Clara« schafften es bis nach Versailles und wurden sogar von Hofmalern in Lebensgröße verewigt. Als lebender Ausweis des Prestige und als kraftvolles Statussymbol. Ähnlich wie die sogenannten »Hofmohren«, die aus Afrika verschleppt und in kostbare Gewänder gehüllt wurden, um den Eliten als aparte Diener zur Verfügung zu stehen. Zeichen europäischen Überlegenheitsgefühls und Beleg für die mondäne Illusion, die Welt im Griff zu haben. Eine Illusion, die sich in invertierter Form bis in die

Safaris der Gegenwart trotz aller Proteste fortsetzt.

Doch die wahre Geschichte hinter diesen Ritualen der Dominanz findet in den Fantasien der Modernen ihren vehementen Widerspruch. Die Tiere brechen aus ihren goldenen Käfigen aus, überwinden die Gräben der Abschottung und schlagen zurück: Unzählige Horrorfilme, in denen meist als blutrünstig gezeichnete Bestien ausbrechen oder wie aus dem Nichts auftauchen und die Ordnung der Zivilisation in Angst und Schrecken versetzen. Es gibt nicht nur ein »writing back« der ehemaligen Kolonien. Auch ein »living back« wird über das saturierte Europa hereinbrechen. Vorbei sind die Zeiten, in denen wir als »Weltensammler« auf den Plan traten. Die Zeiten rabiat expandierender Machtfülle sind mittlerweile längst vorbei, ob in Frankreich, Spanien oder England. Auf die ehemaligen Kolonien übertragen, schreibt Salman Rushdie in seinem epochalen Essay »The Empire Writes Back with a Vengeance«:

> The British Empire would not have lasted a week without such collaborators among its colonized peoples. You could say that the rat grew fat by being spoon-fed. Well, as we all know, the spoon feeding ended, or at least ceased to be sufficiently nourishing, and the

> British left. But the effects of Empire linger on. Those who were made powerful then remain, for the most part, powerful now. The old colonies are not wholly free. The British, as every schoolboy knows, gave the world cricket, parliaments, sun hats, boundary commissions, legal systems, roads, mission schools and the English language. But they also left us, disguised as freedom, this dominion of spoons. And the English language, like many of the other bequests, is tainted by history as a result. Something of the unwashed odour of the chamcha lingers around its cadences.[31]

Keine »Hofmooren« mehr und keine Exotenmenagerien. Hier ziehen Menschen und Tiere endlich am gleichen Strang. Aus dem Empire wurde ein Empire, das untergeht. Das Kräftespiel hatte sich umgekehrt. Chantal Zabus spricht von einer dreifachen Inversion: einer postkolonialen, postmodernen und postfeministischen. Salman Rushdies Vorstoß traf auf ein korrodierendes Gebilde, das mürbe Commonwealth mit all seiner maroden Symbolik und seiner antiquiert-bizarren Aggressivität. Wir befinden uns zum Zeitpunkt von Rushdies Intervention also in einer aufgeladenen Phase. Er beginnt seinen revolutionierenden Artikel mit einem merkwürdigen Vergleich, nämlich dem Verweis auf *chamcha*, den Urdu-Ausdruck für einen Löffel. Die wichtigere Nebenbedeutung des Wortes ist jedoch »Schmarotzer«, »Schleimer«, »Ja-Sager«.

Dies betrifft nicht nur die politischen Strukturen. Auch – und vielleicht besonders – das zentrale Arbeitsmittel der Literatur, die Sprache, muss den Panzer der kolonialen Verkrustung, den faulen Geruch der Schleimer- und Mitläufer-Idiome loswerden.

Und so ist es kein Wunder, dass auch die Tiere aus ihren sorgsam gehüteten Gehegen ausbrechen und ihre Wärter und Dompteure, Züchter und Zähmer förmlich über den Haufen rennen. Vor Rushdie inszenierte bereits Eugene Ionescos Stück *Die Nashörner* ein ähnliches Szenario. Der Ansturm wilder »Bestien« bezieht sich dabei natürlich nicht nur auf die Erfahrungen der Kolonisation. Ionescos Protest richtet sich gegen autoritäre Systeme jeder Art. Die urtümlichen, potenziell aggressiven Nashörner sind ein drastisches Bild hierfür. Ohne weitere Begründung sind sie einfach da und stürmen eine durchschnittliche europäische Stadt aus lauter durchschnittlichen, eher skurril anmutenden Bewohnern, mit ihrem alltäglichen, banalen, besserwisserischen Geschwätz.

Plötzlich tritt das Inkommensurable ein. Erst einzelne, später ganze Horden von Nashörnern rasen schnaubend und stampfend durch die

Straßen. Wofür auch immer diese archaischen Wesen stehen mögen, für das Archaische, für autoritäre Systeme, für die Wucht der Natur – wichtiger als sie sind die Reaktionen, genauer gesagt, die Reaktionen der Stadtbewohner auf dieses bestürzende Naturphänomen. Die allermeisten der Gespräche nehmen den bestürzenden Einbruch der Tiere zwar wahr – scheinen jedoch nicht darauf zu reagieren: Gespräche laufen – vom Lärm der rasenden Herde verschluckt – weiter, man verhaspelt sich in Alltagskram, Sottisen, Amouren und Sophismen, als sei gar nichts Bemerkenswertes geschehen. Bisweilen fühlt man sich strukturell an Frischs *Biedermann und die Brandstifter* erinnert. Dort glaubte man noch, das Andere, Fremde, Bedrohliche durch falsche Vertraulichkeit und höfliche Zuwendung domestizieren zu können. Bei Ionesco denkt man offenbar, ihm durch Nichtbeachtung beikommen zu können. Die Frage, ob, wann und wie man eingreifen solle, wird ein über das andre Mal vertagt und zerredet. Ein Lehrstück ohne Lehre bleibt diese Parabel über das Entstehen und sich allmähliche Festsetzen verhängnisvoller Entwicklungen dennoch allenfalls für die Protagonisten. Der Zuschauer im Theater, der beobachten kann, wie alle Alarmzeichen im Dienste einer sich überlegen wähnenden bürgerlichen Moral erst übersehen, dann vorsätzlich überfahren werden, könnte daraus enorm viel lernen. Die enorme Abschottungsfähigkeit normaler Menschen und Kollektive wird einem derart bildkräftig vorgeführt, dass es kaum möglich scheint, nicht darauf zu reagieren – reagieren zu müssen. Selbst als die Präsenz der Nashörner eine neue Qualität annimmt und die menschlichen Körper der Bürger selbst sich alltäglich ins »Nashornartige« verändern, bleibt die Wahrnehmungsbremse intakt. Und auch als sich auf den Stirnen ein Höcker bildet, der bald als Ansatz zu einem Horn erkennbar sein sollte, versucht man, das beunruhigende Phänomen als kleine kosmetische Aberration abzutun. Die Verwandlung der Haut in eine starre Panzerung wird als medizinisch unbedenklich weggewischt. Vor allem redet man weiter, als ob die alten Koordinaten fortbestehen, etwa die einer rasiermesserscharfen Trennung von Mensch und Tier, bei denen, die sich noch ein Stück weit von der Verwandlung entfernt wähnen, gleichsam immun gegen animalische Ansteckung sind.

Nur gelegentlich gibt es Momente, in denen die Differenz und zugleich die Nähe der Tier-Mensch-Konstellation sichtbar gemacht wird. Etwa wenn dem bereits halb verwandelten Hans ein verschwommen-dogmatisches »Zurück zur Natur« dämmert: »Unsere Moral? Sprechen Sie mir nicht von unserer Moral. Man muß unsere Moral überwinden.«[32]

Der Protagonist Behringer, der sich noch immer im Vollbesitz seines »Menschentums« glaubt, repliziert wortreich und macht sich zum Anwalt höherer Werte und eines humanistischen Weltbilds: »Sie sind sich doch klar darüber, daß wir eine Philosophie haben, die die Tiere nicht haben. Ein Gebäude von unvertauschbaren Werten. Jahrhunderte menschlicher Zivilisation haben es erbaut.«[33] Aber diese Position geht bereits im Getöse tierischer Nashornlaute des Gegenübers unter – dann mit krächzender Stimme: »Das Humane ist überholt! Sie sind ein alter, lächerlicher Schwärmer.«[34]

Alle Philosopheme, das gesamte humanistische Erbe kommt wenig später unter die Pfoten der Nashornherde, die alles Humanoide in Grund und Boden stampfen. Eine mehr als dringliche Warnung, sich den ersten Ansätzen brutaler Machtübernahme forciert entgegenzustellen und nicht zu warten, bis es zu spät ist. Wobei es ebenso symptomatisch wie bedauerlich ist, dass letztlich die Metapher wilder Tiere dazu herhalten muss, den Menschen eine derartige Lektion zu verpassen. Ein Gebrauch, eigentlich ein Missbrauch, der im Wesen einer Logik liegt, Tiere seit Jahrhunderten letztlich immer als Mittel menschlicher Zwecke zu sehen.

Ungeachtet dessen wird hier plastisch vorgeführt, was es heißen kann, wenn ein Tier sich aus dieser Dienstleistungspflicht emanzipiert und zum Rächer für all diese Demütigungen wird. Zum ersten Mal dreht sich die Richtung diametral um – das Tier richtet den Menschen zu und weist ihn in die Schranken.

9. Glasmenagerien und Präparate. Tiere als Materie

Mit dem Nashorn »Clara« hat vielleicht alles begonnen: Die Verwandlung eines Tiers in ein Artefakt. Erst tourte es als bestauntes exotisches Objekt durch Europa, dann landete es in Lebensgröße als Ölgemälde von Jean-Baptiste Oudry in einem staatlichen Museum. Seither ist es um uns geschehen. Auf dem Weg über die Kunst, über Artefakte, wird der Bruch zwischen den Welten wieder geflickt. Natürlich gibt es auch jede Menge gelungener Beziehungen. Das symbiotische Verhältnis zwischen Menschen und Hunden bedarf keiner weiteren Erläuterung.

Doch all dies sind periphere Phänomene im Vergleich zur ungeheuren Wucht der Beziehung zwischen Menschen und artifiziellen Tierwesen.

Vom zerzausten Teddybären über die verhätschelte Puppe bis hin zum Tierchen in der Vitrine reicht die Spannweite der verzärtelten und vermenschlichten, geliebten und adorierten Wesen aus Plüsch, Plastik und Glas. Die ersten Schöpferinnen dieser emotionalen Traumfänger waren wohl Margarete Steiff und Käthe Kruse –

in ihren Händen wurden steife, seelenlose Puppenautomaten zu Lebewesen, die starke Emotionen wachriefen. Seither erzeugen allerart künstlicher Wesen echte, tiefe Gefühle. Ähnlich wie dies bereits ihr Vorläufer aus allen Epochen der Geschichte getan haben mögen, ganz gleich, ob sie aus Holz, Leder, Fell oder Filz gefertigt wurden. Was man in den Arm nehmen kann, wird Teil seiner selbst. Wilde Tiere werden Freunde, Gebilde aus Zelluloid oder Porzellan zu Artverwandten. Die Magie der Verkleinerung und Verniedlichung baut Ängste ab und stiftet eine geradezu beängstigende Intimität. Alles Unheimliche und Bedrohliche löst sich auf, man hat alles in der Hand, nichts kann dazwischenkommen und das Kunstwesen garantiert zudem unveränderte Dauerhaftigkeit – gelegentlich auf Lebenszeit. Das hat nichts mit Zähmung, sehr viel mehr mit Verwandlung, vielleicht mit Beschwörung zu tun. Nicht Herrschaft, sondern fragloses Einverständnis ist das Ziel. Oder zumindest die Erwartung. Denn die Situation ist paradox: Ein lebloses Ding kommuniziert in den Augen seines Gegenübers, als ob es aus Fleisch und Blut wäre.

Gewiss liegt ein Moment dieser Magie im Akt der Erschaffung. Krippen, Schafe und Jesusfigürchen aus Holz weisen in eine ähnliche Richtung. Sie verweisen auf den transzendentalen, rituellen Charakter unseres Bedürfnisses nach ständiger Verfügbarkeit und unbegrenzter Vermehrbarkeit unserer Sehnsüchte, Wünsche und Träume. Durch die Herstellung kleiner Repliken katapultiert sich der Mensch in eine Schöpferrolle. Zugegeben, in eine etwas mickrige, kleinformatige Schöpferrolle. Und dennoch, er oder sie ist Herr oder Herrin des Verfahrens.

Puppe und Plüschtier sind Teil unseres Privatuniversums, unserer eigenen, nur von uns selbst beherrschten Welt. Die Puppe ist unser Alter Ego – eine Art Dummy. Das Kuscheltier steht für etwas in uns, das wir vielleicht in den Höhenflügen der Kultur verloren haben und nach dem wir dennoch unbewusst und spielerisch suchen. Es vermittelt, tröstet, unterwirft sich bedingungslos – selbst und gerade, wenn wir es malträtieren. Im Spiel ist alles möglich. Wenn es wahr ist, dass der Mensch, wie Schiller einmal sagte, »nur da ganz Mensch ist, wo er spielt und nur da spielt, wo er Mensch ist«,[35] ist das Spiel mit den plüschigen Ersatzwesen sicher mehr als eine Lappalie.

Es ist nicht mehr und nicht weniger als eine Einübung in den Umgang mit der Welt, ein Kreativitätsmotor und eine Inspirationsquelle, um selbst die größten Schwierigkeiten und Hemmnisse der Wirklichkeit spielerisch zu bewältigen. Man erprobt verschiedene Ordnungssysteme, entwickelt Narrative, stellt Zusammenhänge her und diese wieder auf den Kopf. Das Plüschtier ist ein subversiver Tarnkappenbomber, der gefahrlos und in der Regel ohne Blutvergießen in die innersten Bezirke unserer Fantasien und Empfindungen eindringt. Gleich ob als unersetzbares, vereinnahmtes Unikat oder als Massenprodukt.

Haptik und Affekt, soziale Zuwendung und individuelle Erfahrung greifen organisch und mit großer Selbstverständlichkeit ineinander. Und wenn erst ein Heer von Kuscheltieren in Aktion treten würde, wäre die Welt von Grund auf verändert.

Wie sehr artifizielle Miniaturwesen dazu geeignet sind, eine ganze Welt zu simulieren, darzustellen, oder sogar zu ersetzen, zeigt sich in der Literatur auf allen Ebenen – von *Pu der Bär* bis *Alice im Wunderland*. Pu, ein schussliger Bär »von geringem Verstand«, wurde für Tausende von Kindern ein weit besserer Begleiter als es Vergil für Dante in der *Göttlichen Komödie* je werden konnte. In Alices »Wunderland« wiederum tummeln und mischen sich Wesen der unterschiedlichsten Arten und Spezies, ohne viele Gedanken an ihre verschiedenartige Herkunft zu verschwenden. Es scheint, als ob in der Welt der Kinder genau jener Raum ständig und mit größter Selbstverständlichkeit bespielt würde, der im erwachsenen Dasein nur unter größter

Zurückhaltung betreten wird. Allenfalls in Sonderfällen und in Nischen ist der Zutritt gestattet.

Laura in Tennessee Williams' *Glasmenagerie* ist solch ein Sonderfall. Ein Mädchen, das körperlich etwas eingeschränkt, verschüchtert und zurückgezogen im Haus ihrer sehr dominanten Mutter lebt, und eigentlich ein perspektivloses Dasein führt. Ihr wirklicher Lebensraum ist eine kleine Menagerie aus Glastieren, die sie liebevoll und eifersüchtig bewacht. Eine eigene Welt, die ihr allerdings nicht den Weg in die Außenwelt öffnet, sondern verschließt. Als sich die Türe zwischen innerer und äußerer Welt auch nur für einen Augenblick zu öffnen versucht, zerbricht ihr künstliches Glück aufs Grausamste. Sie zeigt einem jungen Mann, für den sie seit langer Zeit im Verborgenen schwärmt, ihre Glasmenagerie und legt ihm ihr Lieblingstier in die Hand, ein kleines Einhorn, warnt ihn jedoch vor der Zerbrechlichkeit des Figürchens.

Laura — Haben Sie das eine Horn an seiner Stirn nicht bemerkt?

Jim — Oh, ein Einhorn, was?

Laura — Mmh – hm!

Jim — Sind – Einhörner in der modernen Welt denn nicht ausgestorben?

Laura	Ich weiß!
Jim	Armer, kleiner Kerl, muss sich sehr einsam fühlen.
Laura	Na, wenn auch, er beschwert sich nicht darüber. Er steht im Regal mit Pferden zusammen, die kein Horn haben, aber sie scheinen sich bestens zu vertragen.[36]

Jim betrachtet das Wunderwesen nicht ohne selbst eine gewisse Verwunderung zu spüren. Während des Versuchs mit der gleichfalls zerbrechlichen Laura zu tanzen, kommt es zur Katastrophe. Das Tier fällt zu Boden, das Horn bricht ab.

Damit zugleich scheint die gesamte Welt der Menagerie in die Brüche zu gehen, ebenso wie auch die Existenz Lauras im Kern getroffen ist. Ihre heile Ersatzwelt ist zerstört. Ein Weiterleben ist danach schwer vorstellbar. Das Stück endet mit der völligen Auflösung nicht nur ihrer inneren, sondern auch der äußeren Welt.

Ob wir es wahrhaben wollen oder nicht, mit der Welt der Teddys und Püppchen, der tierischen Nippesfiguren und der Glasmenagerien sind wir an einer entscheidenden Bruchstelle der ins Abgründige driftenden Suche nach dem Kern des Mythos Mischwesen vorgedrungen. Wir begreifen, dass die Sirenen und Medusen,

Löwenmenschen und Tiergottheiten nur Wegweiser und Indikatoren eines Problems sind, das allein unseres ist: Wir sind die wahre Inkarnation der gesuchten Mischwesen – äußerlich menschliche Humanoiden, innerlich bis in den Grund gespalten. Und genau diesen Grund und Abgrund wollen wir um der Selbsterhöhung unserer Einzigartigkeit nicht wahrhaben.

Mit Darstellungen von Mischwesen pressen wir diese Erkenntnis zugleich ab und leugnen sie. Indem wir diese Wesen auf eine Ebene des Künstlerischen heben und zur Schau stellen, verschleiern und verwandeln wir die damit verbundenen existenziellen Gefühle. Als Exponate in Vitrinen dokumentieren sie unsere letztendliche Überlegenheit. Wir haben sie ersonnen, weil sie uns etwas bedeuten, doch gehen zu ihnen auf Abstand, weil wir ihren Atem nicht spüren wollen. Mehr noch, wir versuchen sogar den Tieren menschliche Verhaltensmuster zu unterstellen. Durchaus nicht nur den harmlosen Teddys und Häschen, die wir in Miniaturpuppenstuben platzieren. Auch Kafkas Tiere, um ein letztes Mal an ihn zu erinnern, unterstehen diesem Prinzip. Sei es die Maus Josephine, die sich als Sängerin beweist, oder ein akademiereifer Hund, der zum Forscher wird und sich fortan in halb akademischen Phrasen ergeht:

> Wie sich mein Leben verändert hat und wie es sich doch nicht verändert hat im Grunde! Wenn ich jetzt zurückdenke und die Zeiten mir zurückrufe, da ich noch inmitten der Hundeschaft lebte, teilnahm an allem, was sie bekümmert, ein Hund unter Hunden, finde ich bei näherem Zusehen doch, daß hier seit jeher etwas nicht stimmte, eine kleine Bruchstelle vorhanden war, ein leichtes Unbehagen inmitten der ehrwürdigsten volklichen Veranstaltungen mich befiel, ja manchmal selbst im vertrauten Kreise, nein, nicht manchmal, sondern sehr oft, der bloße Anblick eines mir lieben Mithundes, der bloße Anblick, irgendwie neu gesehen, mich verlegen, erschrocken, hilflos, ja mich verzweifelt machte.[37]

Mit all diesen Mitteln versuchen wir, die tierischen Dämonen in uns wieder zu verscheuchen, um den alten, bisweilen allenfalls ein wenig skurril anmutenden Traum eines harmonischen Miteinander weiter träumen zu können. Und wenn wir Momente der Irritationen durchdringen lassen, dann allenfalls als rauhnächtliches Intermezzo auf Zeit, wenn sich Menschen in Monster verwandeln und mit viel Fell und Gehörn die Dämonen entfesseln.

Die »Bestie im Menschen«, so hat Émile Zola dieses Dilemma eingängig beschrieben. Aber wischen wir all diese Surrogate, Supplemente, Miniaturen und Mimikry-Versuche mal für einen Moment vom Tisch, dann bleibt nicht mehr sehr viel übrig und die Grenzen werden hochgezogen. Stattdessen müssen wir versuchen, die Grenzen wieder durchlässiger zu machen und zugleich einen Weg zu finden, sie zu wahren. Auch wenn dies paradox scheint: Es ist der einzige Weg, um aus dem Dilemma herauszukommen und nicht im Niemandsland zwischen sentimentalem Verhätscheln auf der einen und skrupelloser Nutzung auf der anderen Seite zu verharren.

Bisheriger Höhepunkt dieser verbrecherischen und vollständig gewissenlosen Einstellung ist vielleicht die Züchtung von Medusen. Auslöser hierfür ist ein neues Gesetz in Japan, das es Forschern erlaubt, Mischwesen aus Mensch- und Tierzellen zu erschaffen und – das ist das Neue – sie schließlich auch auf die Welt zu bringen. Was nach einer Schauergeschichte aus der griechischen Mythologie klingt, soll langfristig Ersatzorgane für kranke Menschen produzieren.

Bereits 1984 hatten Forscher ein Mischwesen aus Ziege und Schaf hergestellt. Bei einer solchen »Chimäre« bleibt dennoch das Erbgut beider Komponenten unvermischt. Das Resultat einer solchen Transaktion erzeugt zwitterhafte Wesen, die es in dieser Form bisher nicht gab.

Ähnliche Experimente wurden bereits mit einer Mixtur aus Affen und Menschen unternommen. Mäuse, Schafe, Kühe und Schweine wurden gleichfalls mit menschlichen Zellanteilen und Organen hergestellt. Doch gerade die Forschung an Mischwesen zwischen Affe und Mensch ist für manche Wissenschaftler ebenso faszinierend wie von ethischer Seite umstritten. Ungeachtet derartiger Bedenken wird in vielen Ländern weiter an solchen Hybriden als Behältnisse für spätere Organentnahmen geforscht.

Neben legitimen ethischen Bedenken sollten auch solche grundsätzlichen biologischen Überlegungen eine Rolle spielen, wenn man sich auf dieses Vorgehen einlässt und bewusst Grenzen überschreitet, und sich zum Schöpfer neuer Arten aufschwingt. Elementare Überlegungen wie sie Thomas Mann auf einem zumindest strukturell verwandten Sektor in seiner Erzählung *Die vertauschten Köpfe* anstellt. Er schildert dort ironisch grundiert, dass nach einem gravierenden »Betriebsunfall« in Indien (einem in Mischwesen aller Art routinierten Land) Körper und Köpfe zweier junger Männer erst voneinander getrennt, danach irrtümlich falsch zusammengesetzt werden. Auf den athletisch gebauten Rumpf des einen wird das Haupt eines eher spirituell orientierten Intellektuellen platziert – umgekehrt kommt der Kopf eines gutmütig robusten Schmieds auf dem filigranen Körper des vergeistigten jungen Mannes zu sitzen.

Die gewagte Konstellation setzt eine Menge an grundsätzlichen Fragen frei. Wie reagiert die Kraft des Körpers auf ein neues, weit weniger eindimensionales neuronales Steuerungssystem? Wie reagiert das empfindliche, differenzierende Gehirn auf die Konfrontation mit einem kraftstrotzenden Körper? Unterwirft der Körper den Geist oder andersherum? Entsteht so etwas wie eine neue Symbiose oder stoßen sich die Elemente in ihrer neuen Kombination voneinander ab? Fragen, die sich jene Forscher, die sich rabiat anschicken biologisches Neuland zu betreten, allemal stellen sollten, statt auf medialen Erfolg zu schielen. 2015 geistert eine Sensationsmeldung durch die Presse: »Ein Arzt plant, den Kopf eines Todkranken auf den Rumpf eines anderen zu setzen. Kann das funktionieren – wer ist dann wer?«[38]

Bei dem, was der Turiner Neurochirurg vorhatte, ist es nicht mehr klar: Wird es sich um eine Kopfverpflanzung oder um eine Rumpfverpflanzung handeln? Genau genommen ist nicht einmal ausgemacht, wer der Empfänger und wer der Spender sein wird. Schon ist erwachendes mediales Interesse festzustellen. Eine stimmungserregte Neugier macht sich breit: »Canavero plant Ungeheuerliches: das Haupt eines Menschen mit einem todkranken Körper auf den Rumpf eines anderen zu setzen, der an einer unheilbaren Kopfverletzung leidet. Mit anderen Worten: Die überlebensfähigen Teile zweier im Sterben Liegender werden zusammengeflickt.«[39] Unzählige Nervenstränge müssten verknüpft werden. Der Knackpunkt des Vorhabens wird darin bestehen, von beiden Patienten das Rückenmark in der Wirbelsäule so zu verbinden, dass die Befehle aus dem Kopf unterhalb des Halses ankommen, und umgekehrt, die Empfindungen, die der Körper wahrnimmt, im Kopf registriert werden. Es geht um unzählige Nervenstränge, die korrekt verknüpft werden müssen.

> ›Wie zwei dicht gepresste Packungen Spaghetti‹, zieht der *New Scientist* seinen Vergleich. Hierbei in jedem Einzelfall genau das zusammenwachsen zu lassen, was zusammengehört, ist noch lange nicht möglich. Könnten es die Chirurgen, so wären sie schließlich in der Lage, Gelähmten zum Gehen zu verhelfen.[40]

Jahrzehntelang ging der US-amerikanische Neurologe Robert White von der University of Cleveland in seinen Fachkreisen eben damit hausieren. 1970 soll ihm so etwas sogar schon einmal geglückt sein – mit Rhesusaffen. Der aus unterschiedlichem Kopf und Körper zusammengesetzte Affe konnte sich zwar nicht bewegen und starb auch nach einer Woche als beide zusammengefügten Systeme sich gegenseitig abstießen.

Mancher wird sich wundern, dass ich dergleichen anachronistische, ja archaische Methoden im Zeitalter genetisch und virtuell veredelter transhumaner Zukunftswesen überhaupt noch erwähne. Auch hier entstehen in der Tat Mischwesen, wenngleich Mischwesen der besonderen Art. An der Schnittstelle Mensch-Maschine wird kein Blut mehr fließen. Der Mensch hofft, sich in einen neuen Kosmos der Perfektibilität katapultieren zu können, sich über sich selbst zu erheben. Diesmal nicht wie seinerzeit bei den alten Ägyptern, indem er Tiere und Menschen zu Gottheiten vernetzte, sondern nun, indem er Menschen mit Algorithmen paart. Ein definitiv fragwürdiges Verfahren, dessen Problematik von der Literatur warnend ausgeleuchtet wird.

In Ian McEwans unterhaltsamem Erfolgsroman *Maschinen wie ich* erleben wir so einen Fall, herabgebrochen auf das Niveau einer Homestory. Charlie, ein etwas labiler junger Mann, erwirbt in der für ihn kennzeichnenden Stimmung aus Neugier und intellektueller Überheblichkeit einen bereits zu Zeiten des britisch-argentinischen Falklandkrieges auf dem Markt erhältlichen »Künstlichen Menschen«. Das Produkt entstammt einer Produktionsreihe von zwölf Exemplaren der Serie »Adam«, ist lebensgroß und kann an einer gewöhnlichen 13-Ampere-Steckdose aufgeladen werden. Die Werbung hatte ihn als Gefährten und intellektuellen Sparringspartner, als Freund und Faktotum angepriesen.

Tatsächlich wird er sich als Sprengsatz für das soziale und emotionale Befinden des zauberlehrlingsartigen Kunden erweisen. Banalerweise exakt in dem Moment, als der aparte Kunstmann – sinnigerweise mit Schleimhautmembranen ausgestattet – mit Charlies Freundin schläft. Der Moment der Wahrheit, oder wie Alan Turing, Computerforscher und Mathematiker, es ausdrückt, jener kritische Moment, da wir im Verhalten keinen Unterschied mehr zwischen Mensch und Maschine erkennen und somit der Maschine Menschlichkeit zuschreiben können: »Als Mirandas langgezogener ekstatischer Schrei durch die Nacht gellte, gestand ich Adam die vollen Rechte und Pflichten eines Artgenossen zu. Ich hasste ihn«.[41]

Die biologische Menschwerdung der Maschine als Evidenzbeweis für ein gelungenes Experiment? Eine fragwürdige Wendung. Wir wollen den Bereich dieser Art von Mischwesen hier bewusst nicht ausleuchten, weil er auf anderes Terrain führen würde. Mischwesen sind ohnehin und von Beginn an Grenzüberschreiter per se – mehr als Menschen, mehr aber auch als

Tiere; transhuman wie auch transanimalisch. Sind Dummys auf dem Weg zu einer neuen Lebensform. Wir sollten versuchen, dieser Spur weiter zu folgen. Nicht nur im Notfall, als *last exit*, nach dem Motto, wenn Not am Mann ist, müssen therapeutische Delfine ran.

Oder im Kampfeinsatz, wenn Soldaten der Zukunft sich in monströse Assemblagen von menschlichen Grundelementen in Verbindung mit der Tierwelt nachempfundenen Sinnesorganen und Gliedern und einem Equipment elaboriertester Computertechnologie verwandelt haben. Kurz: ein Hybrid aus Mensch, Raubtier und Maschine. Die Maskerade und der gewaltige Anspruch eines altägyptischen Gottes in High-Tech-Version. Freilich wären sie noch immer archaisch anmutenden Vorstellungen unterworfen, was Motivation, Ziel und Strategie betrifft. Die Drehbücher der soldatischen Übermenschen folgen weiterhin den Spuren alter Mythen mit ihren tradierten Freund-Feind-Schemata. Und auch die Werte, um die gekämpft und gestritten wird, scheinen noch immer aus dem Diluvium zu stammen, so als ob diese Wesen noch immer einen humanistischen Blinddarm mit sich herumschleppten.

Im Unterschied dazu gehen Cyborgs und Klone hier einen entscheidenden Schritt weiter. Äußerlich menschenartig und kaum mehr von

Humanoiden zu unterscheiden, besteht ihr »Inneres« aus Silikon, Mikrochips, KI-Algorithmen und Robotik, die ihre Lebensäußerungen perfekt und perfektionierend simulieren und imitieren. Es handelt sich sozusagen um unsichtbare, klandestine Mischwesen wie man sie aus Filmen wie *Blade Runner* kennt. Aber auch diese Wesen auf dem Sprung in die Zukunft reizen ihr Potenzial noch nicht bis zum letzten Schritt aus. Auch sie kleben noch immer an der Folie des traditionell Menschlichen. Selbst bahnbrechende Cyber-Meilensteine wie *Matrix*, die das Science-Fiction-Genre ins neue Jahrtausend zu katapultieren schienen, machen keine Ausnahme. Der Film revolutionierte vielleicht die Art und Weise, wie digitale Effekte in Hollywood-Blockbustern eingesetzt werden, aber sein Versuch, philosophische Fragen zu durchdringen, bediente allenfalls popkulturelle Muster. Das beginnt mit der abstrakten Frage, ob wir nicht alle nur in einer Simulation leben – und endet mit dem finalen Dilemma, sich zwischen einer (vermeintlich) glücklichen Ignoranz und der befreienden, wenngleich überfordernden Wahrheit entscheiden zu müssen.

Mitsamt der sentimental-hollywoodartigen Schlusswendung, die in der Matrix gefangenen Menschen im Namen von »menschlichen Werten« und »Liebe« befreien zu wollen. Selbst vor der gedanklichen Bankrotterklärung einer Art finaler Himmelfahrt des »Auserwählten«, des Erlösers schreckt man nicht zurück.

Seinen Werten und seinen Gefühlen. Nur wenige der transhumanistischen Vordenker gehen über diese Schwelle hinaus und haben den Mut zu bekennen, dass es bei allen radikal zu Ende gedachten Perfektibilitätsprojekten letztlich darum gehen würde, den Schöpfungsakt in einen Raum jenseits des Vertrauten zu verlagern und in Dimensionen vorzustoßen, die »den Menschen« im bisherigen Sinn als entwicklungsgeschichtliches Fossil zurücklassen. Mit Transplantationen, Chip-Implantaten und virtuell reproduzierten Emotionskopien wird der Sprung in eine neue Stufe der Evolution schwerlich gelingen.

Statt sich an der Option der Mensch-Maschine zu berauschen, wäre es angebracht, die Tiere auf diesem Weg nicht ein weiteres Mal zu exkludieren, sondern den jahrtausendealten Pakt zu erneuern. Es ist kein Zufall, dass in dem erwähnten Roman *Friedhof der Kuscheltiere* sich die große, verstörende Mutation im Areal der ehemaligen indigenen Bevölkerung abspielt. Und dass die Weißen und die Wissenschaft der Weißen hier an ihre Grenzen stoßen. Weit davon entfernt, einem neuen Naturmystizismus das Wort reden zu wollen, ist es mir doch ein

Anliegen, Worte der Warnung zu sprechen, um zu verhindern, dass wir im Rausch eines neurotischen Digitalisierungssogs nicht nur die Tiere, sondern auch uns selbst abschaffen.

Inzwischen überlebt die Spezies im Untergrund, an ganz unerwarteter Stelle – im Kinderzimmer, im Kino, auch im Kino in unseren Köpfen.

Epilog

… und doch endet dieser Essay nicht mit einer Absage oder Ablage unserer nächsten Verwandten in den Versuchslaboren und auf den Fleischbänken der Wissenschaft. Er darf und muss nicht so enden, denn dieser Schritt würde eine über Jahrtausende gewachsene, enge Beziehung willkürlich zerschneiden. Unser Bewusstsein und Unterbewusstsein ist noch immer von dieser Doppelexistenz geprägt. Wie groß der Verlust wäre, wenn wir auf die Zwillings- oder Doppelgängerseite unseres Daseins verzichten würden, zeigt ein Blick auf das Pandämonium der Drachen, Chimären oder Basilisken, ob Phönix oder Sphinx, die uns über Jahrhunderte hinweg begleiteten. Wir kennen den Sinn und die Bedeutung dieser hybriden Figuren nicht genau. Aber in den Bildern, die wir uns von diesen Wesen, fast zwanghaft, wieder und wieder erschufen, in den Vorstellungen und Mythen, die wir in ihnen anlagerten, spiegelt sich etwas von der Sucht nach dieser anderen, etwas ominösen Seite unserer Existenz.

In einem lexikonartigen Manual der »imaginären Wesen« versuchten der argentinische

Dichter Jorge Luis Borges und Margarita Guerrero 1957 eine Art unvollendeter Enzyklopädie dieser seltsamen Geschöpfe zusammenzustellen, die im Laufe der Zeit die menschliche Fantasie gezeugt hat – ein Kompendium der Spezies des Unklassifizierbaren, der schrägen Figuren im Zwischenreich. Resultat dieser Spurensuche ist ein erstaunliches Bestiarium von Hunderten solcher Wesen, das sich über Jahre hinweg immer mehr erweiterte. Erst in dieser opulenten Zusammenschau ist zu erkennen, dass man es bei der Expedition ins Reich der Zwischenwesen nicht mit einer Suche nach irgendwelchen wunderlichen Randexistenzen zu tun hat, sondern um die Wiederentdeckung einer weltweit endemischen und ausgesprochen langlebigen, ja zeitlosen Spezies. Einer vergessenen Spezies, die offenbar erst mühsam aus Tausenden von Handbüchern und Enzyklopädien, geheimen Traktaten und apokryphen Schriften rekonstruiert und entschlüsselt werden muss. Eine unterschlagene, über lange Zeit hinweg unterdrückte Menschheitserfahrung. Ein Kommentator spricht von Tag- und Nachtträumen einer gleichermaßen verborgenen wie auch prekären Evolutionsgeschichte der Menschen und der Tiere. Und nicht nur das: Mit dem Einstieg in diese abseitige Zoologie oder Anthropologie öffnet sich der Weg in eine nicht minder tabuisierte Seite der menschlichen Psyche – in den Bereich der Fantasien und Imaginationen, der Fiktionen und mythologischen Evasionen in unseren Gehirnen.

Die tierischen Ausgeburten der Fantasie sind wie Fingerabdrücke verdrängter Ängste und Sehnsüchte, Bedürfnisse und Schreckensvisionen unserer Seelen. Borges schöpft akribisch aus dem Fundus allerart Überlieferungen aus Kosmologien und Reiseberichten, Totenbüchern und Erbauungsschriften, religionswissenschaftlichen, ethnologischen Werken – und nicht zuletzt aus der Literatur: etwa aus Texten Flauberts, Shelleys, Kafkas, Poes, und Lewis'. Alles mit dem Ziel, aus den Texten eine ironisch getönte Systematik des abgesunkenen Fundus dieser Existenzspuren herauszulesen, herauszulösen. Die Unschärfe dieser fröhlichen Wissenschaft ist der Natur der Dinge geschuldet und hat den gleitenden Evolutionsbruch zum Gegenstand, der unsere kulturelle Formation auslöste, vor allem der allmählichen Herauslösung der Menschengattung aus der Ordnung der natürlichen Lebewesen. Einer Ablösung, die nicht ohne große Opfer und Verluste geschehen konnte. Alle dramatischen Obsessionen der vorgeführten »fantastischen Zoologie« sind, um mit Dietmar Kamper zu sprechen, »Fratzen des Lebens und Götzen des Todes«.[42] Zugleich Medusa, Phönix, Sphinx, Pan, Basilisk – sie stehen für die kulturell abgestreiften Schichten einer zoovitalen Inklusion aller Lebewesen.

Vermutlich sind es die Dichter, die sich in diesem Geflecht aus Uneindeutigkeiten und Unsicherheiten am ehesten zurechtfinden. Wie Kafka, der in einer seiner Geschichten solch eine *Kreuzung* – so der Titel der Erzählung – der Arten beschreibt:

> Ich habe ein eigentümliches Tier, halb Kätzchen, halb Lamm. […] Von der Katze Kopf und Krallen, vom Lamm Größe und Gestalt; von beiden die Augen, die flackernd und wild sind, das Fellhaar, das weich ist und knapp anliegt, die Bewegungen, die sowohl Hüpfen als Schleichen sind.[43]

Ein Lebewesen ohne gesicherte Herkunft, ohne rechte Zugehörigkeit, ohne erkennbaren Zweck und ohne ersichtlichen Sinn. Der Besitzer des Tieres (wenn man denn von einem Besitzer reden kann), nimmt es einfach als »göttliche Tatsache« hin, ohne nach weiteren Erklärungen zu suchen. Ein Einzelwesen mit vielen Verschwägerten und doch keinem einzigen Blutsverwandten – jedoch von geradezu intimer Nähe zu seinem menschlichen Beschützer, der gelegentlich zu einem Artverwandten wird und mit ihm verschmilzt, es zu eingebildeten oder faktischen Momenten der Symbiose zu kommen scheint:

> Manchmal muß ich lachen, wenn es mich umschnuppert, zwischen den Beinen sich durchwindet und gar nicht von mir zu trennen ist. [...] Einmal als ich [...] in meinen Geschäften [...] keinen Ausweg mehr finden konnte, und alles verfallen lassen wollte und in solcher Verfassung zu Hause im Schaukelstuhl lag, das Tier auf dem Schoß, da tropften, als ich zufällig hinuntersah, von seinen riesenhaften Barthaaren Tränen. – Waren es meine, waren es seine? Hatte diese Katze mit Lammesseele auch Menschenehrgeiz?[44]

Nein, hier geht es nicht um verquaste Kuscheltierromantik oder Sentimentalität. Hier sind wir an der Schnittstelle einer lange verdrängten Doppelidentität. Für einen Augenblick nehmen die beiden im Alltag voneinander abgeschotteten Bereiche Kontakt auf, führen einen nonverbalen Dialog, sehen sich mit »Menschenaugen« an:

> Manchmal springt es auf den Sessel neben mir [...] und hält die Schnauze an mein Ohr. Es ist, als sagte es mir etwas, und tatsächlich beugt es sich dann vor und blickt mir ins Gesicht, um den Eindruck zu beobachten, den die Mitteilung auf mich gemacht hat. Und um gefällig zu sein, tue ich, als hätte ich etwas verstanden und nicke.[45]

Ein unverhofftes und gänzlich unerwartetes Erbe, das verpflichtet und nicht abgewürgt werden kann. Das sich begründungslos und frei von Erwartungen, unabweisbar einstellt und an etwas halb Vergessenes appelliert. Und wir – überrascht und irritiert zugleich – spielen mit und schließen zumindest für einen Moment den von Kultur und Gewohnheit zerbrochenen Kreis.

Aus den Seiten der Bücher und Chroniken, Enzyklopädien und Fantasiegeschichten steigen wahrlich wunderliche Gestalten auf. Ob in J. R. R. Tolkiens allumfassender Mythenwelt oder in C. S. Lewis' *Perelandra*-Trilogie. Es wird berichtet, dass Lewis den ersten Band der Reihe *Jenseits des schweigenden Sterns* nach Diskussionen mit dem befreundeten Tolkien verfasste. Lewis beschreibt hier ein Tier, ein Reptil, das sich ganz anders – aber nicht weniger frappierend – als Kafkas Katzenlamm verhält. Auch hier verschwimmen die Grenzen zwischen Mensch und Tier, Tier und Untier auf beklemmende Weise:

> [L]angsam, ruckartig mit unnatürlichen und menschenunähnlichen Bewegungen kroch eine vom Feuerschein scharlachrot überlohte menschliche Gestalt aus dem Loch heraus […], dicht hinter ihm, kroch noch etwas aus dem Loch […], etwas, das wie Baumzweige aussah, und dann ein Gebilde aus sieben

> oder acht Lichtpunkten [...]. Dem folgte eine schlauchartige Masse, auf der sich der rote Schein spiegelte, als sei sie blank geputzt. [...] Das Ganze bestand aus drei Teilen, die nur durch etwas wie Wespentaillen zusammengehalten wurden – [...] eine riesige vielbeinige, zitternde Mißgeburt, die unmittelbar hinter dem Unmenschen stand, so daß die scheußlichen Schatten beider wie eine ungeheure, vereinte Drohung auf der rückgelegenen Felswand tanzten ...[46]

Doch auch ein in Verhalten und Aussehen ganz gegenteiliges Wesen ist auf Perelandra zu entdecken: eine rehkitzhaft scheue, vor Menschen fliehende aber bisweilen auch auf sie zugehende Mischung aus Hund, Pferd und Vogel – sanft, furchtsam und auf schreckhafte Weise Kontakt suchend. Selbst die Engel und Teufel des schwedischen Wissenschaftlers, Mystikers, Theologen Emmanuel Swedenborg entstammen dem Geschlecht der magischen Mischwesenheiten. Sie sind zwar menschlicher Abstammung, doch nach dem Tod wählen sich die Dämonen Orte der Vernichtung als Domizil. Die unglückseligen Wesen halten sich für schön, aber viele, weiß Borges, »haben tierische Gesichter oder solche, die bloße Fleischklumpen sind«.[47]

Im Unterschied dazu sind Swedenborgs Engel vervollkommnete Mutationen menschlicher Existenzen. In den Genlaboratorien der Gegenwart mögen solche Prototypen humanoider Perfektion in Vorbereitung sein. Alles Tierhafte ist in ihnen überwunden und das Menschenartige so perfektioniert, dass es kaum mehr menschlich wirkt. Keine Roboter, vielmehr artifizielle Humanoiden, die changierend zwischen den Sphären schweben.

Die Wesen, die aus den Seiten dieser Manuale und Annalen, aus den Depots unserer halb vergessenen Erinnerungen kriechen, sind in gewissem Sinn unsterblich. Sie kriechen und wimmeln, stürzen und schreiten durch unsere Träume und Albträume. Die Orte, in denen sie überwintert haben, befinden sich meist außerhalb der Reichweite des üblichen kulturellen Kanons und seiner Codes. Science-Fiction, Comics, Kindergeschichten und eigenartige Mythologien sind ihr Territorium. Denkräume und Empfindungsorte jenseits des rationalistisch organisierten Wissenschaftsbetriebs. Dort, wo Fantasien und Fiktionen nicht nur erlaubt sind, sondern ernst genommen werden. Zwar werde Fantasie, so Tolkien in einer seiner Vorlesungen, wie alles Menschenwerk missbraucht; dennoch bleibe sie ein Menschenrecht, das die Rechte anderer Lebewesen beinhalte.

Könnte es so sein, dass die Schatten und Spuren der verdrängten und unterschlagenen Seiten unserer Herkunft genau dort, in den Archiven des Gedächtnisses, als stumme Begleiter unseres Daseins lagern? Scheinbar abgedrängt, aber doch jederzeit bereit, sich wieder in unser Leben einzumischen. Freilich sollten wir dazu vom hohen Ross herabsteigen und uns mit den vermeintlichen Niederungen des Kulturellen auseinandersetzen – und so an einem artistischen »Schöpfungsakt« aus dem Geist der Fantasie teilhaben.

Ganz so wie es Nietzsches Zarathustra ergeht, wenn er ganz zum Schluss seiner Suche nach dem neuen Menschen bei den Tieren landet, und mehr noch, fast eins mit ihnen wird. Die ganze Anspannung, die das Buch durchzieht, scheint in diesem Moment von ihm abzufallen, und statt in großen Reden und philosophischen Thesen endet seine ambitionierte Suche nach dem Absoluten im behaglichen Gebrüll und Gebrumm der Tiere:

> ›Das Zeichen kommt‹, sprach Zarathustra und sein Herz verwandelte sich. Und in Wahrheit, als es helle vor ihm wurde, da lag ihm ein gelbes mächtiges Gethier zu Füssen und schmiegte das Haupt an seine Knie und wollte nicht von ihm lassen [...]. Die Tauben aber waren mit ihrer Liebe nicht minder eifrig als

der Löwe; und jedes Mal, wenn eine Taube über die Nase des Löwen huschte, schüttelte der Löwe das Haupt und wunderte sich und lachte dazu.
Zu dem Allen sprach Zarathustra nur Ein Wort: ›meine Kinder sind nahe, meine Kinder‹—, dann wurde er ganz stumm. [...] Da flogen die Tauben ab und zu und setzten sich ihm auf die Schulter und liebkosten sein weisses Haar und wurden nicht müde mit Zärtlichkeit und Frohlocken. Der starke Löwe aber leckte immer die Thränen, welche auf die Hände Zarathustra's herabfielen und brüllte und brummte schüchtern dazu. Also trieben es diese Thiere.—[48]

Bildnachweise

Abb. 1. Dagmar Hollmann / Wikimedia Commons, Lizenz: CC BY-SA 4.0, {https://de.wikipedia.org/wiki/Datei:Loewenmensch1.jpg}.

Abb. 2. Gérard Ducher / Wikimedia Commons, {https://commons.wikimedia.org/wiki/File:GD-EG-KomOmbo016.JPG }.

Abb. 3. Jon Bodsworth / Wikimedia Commons, {https://commons.wikimedia.org/wiki/File:Luxor_temple_15.jpg}.

Abb. 4. Grandville, *Bilder aus dem Staats- und Familienleben der Thiere* [1842], Für das deutsche Publikum bearbeitet und herausgegeben von Dr. A. Diezmann. Leipzig 1846. Einem neuen Jahrhundert präsentiert in Zusammenarbeit mit Herrn Karl Leonhardt vom Christian Wegner Verlag (4 Bde.), Hamburg 1969, {https://commons.wikimedia.org/wiki/File:Sc%C3%A8nes_de_la_vie_priv%C3%A9e_et_publique_des_animaux,_tome_1_0415.jpg}.

Abb. 5. Grandville, *Bilder aus dem Staats- und Familienleben der Thiere,* {https://commons.wikimedia.org/wiki/File:Sc%C3%A8nes_de_la_vie_priv%C3%A9e_et_publique_des_animaux,_tome_1_0226.jpg}.

Abb. 6. Unbekannter Autor, »A Venerable Orang-outang« in: *The Hornet* (22.3.1871), {https://de.wikipedia.org/wiki/Datei:Editorial_cartoon_depicting_Charles_Darwin_as_an_ape_(1871).jpg}.

Anmerkungen

1 Nietzsche, Friedrich: *Jenseits von Gut und Böse. Zur Genealogie der Moral,* KSA 5, München 1980, S. 81.

2 Nietzsche, Friedrich: *Sämtliche Gedichte*, Zürich 1999, S. 199.

3 Canetti, Elias: *Die Fliegenpein. Aufzeichnungen*, Frankfurt am Main 1995, S. 14.

4 Poe, Edgar Allan: *Der schwarze Kater*, in: ders.: *Das Werk,* Frankfurt am Main 2010, S. 191–199, hier: S. 193.

5 Kafka, Franz: *Ein Bericht für eine Akademie*, in: ders.: *Das Werk*, Frankfurt am Main 2004, S. 1171–1178, hier: S. 1177.

6 Kafka, Franz: *Die Verwandlung*, in: ders.: *Das Werk*, Frankfurt am Main 2004, S. 1102–1145, hier: S. 1102.

7 Ebd., S. 1140.

8 Orwell, George: *Farm der Tiere*, Zürich 1982, S. 25.

9 Mörike, Eduard: *Historie von der schönen Lau*, in: ders.: *Werke in einem Band*, München 1995, S. 822–843, hier: S. 823.

10 Ebd.

11 Kluge, Alexander: *Die Vernunft ist ein Balance-Tier*, Leipzig 2017.

12 Mörike, Eduard: *Die doppelte Seelentätigkeit*, in: ders.: *Historisch-kritische Gesamtausgabe. Werke und Briefe*, Bd. 7, Stuttgart 2008, S. 367–368.

13 Eco, Umberto: *Der Name der Rose*, München 2008, S. 64.

14 Koloß, Hans Joachim: *Götter und Ahnen, Hexen und Medizin. Zum Weltbild in Oku (Kameruner Grasland)*, Sonderdruck, Frankfurt u. Innsbruck 1980.

15 Stevenson, Robert Louis: *Dr. Jekyll und Mr. Hyde*, Stuttgart 2016, S. 82.

16 Ebd., S. 83.

17 King, Stephen: *Friedhof der Kuscheltiere*, München 2004, S. 386.

18 Saint-Exupéry, Antoine de: *Der kleine Prinz*, München 2015, S. 91.

19 Ebd., S. 92.

20 Ebd., S. 92 f.

21 Shakespeare, William: *Der Sturm*, in: ders.: *Sämtliche Werke. Englisch – Deutsch*, Bd. 1, Frankfurt am Main 2010, S. 19–75, hier: 2. Akt, 2. Szene.

22 Ebd., 3. Akt, 2. Szene.

23 Ebd., 2. Akt, 2. Szene.

24 Shakespeare, William: *Der Widerspenstigen Zähmung*, in: ders.: *Sämtliche Werke. Englisch – Deutsch*, Bd. 1, Frankfurt am Main 2010, S. 669–737, hier: 4. Akt, 5. Szene.

25 Kafka: Ein Bericht für eine Akademie, S. 1171.

26 Ebd., S. 1177.

27 Ebd., S. 1178.

28 Ebd.

29 Behrend, Heike: *Menschwerdung eines Affen.*

Eine Autobiografie der ethnografischen Forschung, Berlin 2020.

30 Boyle, T. C.: *Sprich mit mir*, München 2021, S. 288.

31 Rushdie, Salman: »The Empire Writes Back with a Vengeance«, in: *The Times* (3.7.1982).

32 Ionesco, Eugène: *Die Nashörner*, Frankfurt am Main 1964, S. 70.

33 Ebd.

34 Ebd.

35 Schiller, Friedrich: *Sämtliche Werke in fünf Bänden*, Bd. V, München 2014, S. 618.

36 Williams, Tennessee: *Die Glasmenagerie*, in: ders.: *Endstation Sehnsucht. Die Glasmenagerie. Zwei Stücke*, Frankfurt am Main 1981, S. 101–168, hier: 2. Teil, 7. Szene.

37 Kafka, Franz: *Forschungen eines Hundes*, in: ders.: *Das Werk*, Frankfurt am Main 2004, S. 980–1010, hier: S. 980.

38 Kulke, Ulli: »2017 soll der erste Kopf transplantiert werden«, in: *Die Welt* (28.2.2015), {https://www.welt.de/vermischtes/article137912632/2017-soll-der-erste-Kopf-transplantiert-werden.html}.

39 Kulke, Ulli: »Einmal Kopf verpflanzen«, in: *Die Welt* (3.3.2015), {https://www.welt.de/print/welt_kompakt/print_wissen/article138002021/Einmal-Kopf-verpflanzen.html}.

40 Ebd.

41 McEwan, Ian: *Maschinen wie ich*, Zürich 2019, S. 119.

42 Kamper, Dietmar: *Burak, Squonk und Zaratan. Zum Stellenwert des Imaginären in der phantastischen Zoologie von Jorge Luis Borges*, in: Jorge Luis Borges: *Gesammelte Werke*, Bd. 8: *Einhorn, Sphinx und Salamander. Buch der imaginären Wesen*, München 1982, S. 163–167, hier: S. 164.

43 Kafka, Franz: *Eine Kreuzung*, in: ders.: *Das Werk*, Frankfurt am Main 2004, S. 901–903, hier: S. 901 f.

44 Ebd., S. 902.

45 Ebd., S. 903.

46 Borges, Jorge Luis (in Zusammenarbeit mit Guerrero, Margarita): *Einhorn, Sphinx und Salamander. Buch der imaginären Wesen*, in: *Gesammelte Werke*, Bd. 8, München 1982, S. 81.

47 Ebd., S. 126.

48 Nietzsche, Friedrich: *Also sprach Zarathustra. Ein Buch für Alle und Keinen*, KSA 4, München 1999, S. 406 f.

Danksagung

Für die wertvolle Unterstützung danke ich Florian Rogge. Vor allem aber auch dafür, daß er meine Arbeit seit Jahren zuverlässig und kompetent begleitet. Sein Wissen und seine Akribie sind für mich unverzichtbar.

Erste Auflage Berlin 2022

Göhrener Str. 7 | 10437 Berlin
info@matthes-seitz-berlin.de

Satz: Monika Grucza-Nápoles, Berlin
Druck und Bindung: Art-Druk, Szczecin
Umschlaggestaltung nach einer Idee
von Pierre Faucheux
ISBN 978-3-7518-0556-8
www.matthes-seitz-berlin.de